문장이 써지면

바른
빠른

3·4학년을 위한
영문법

초등 영문법 ②

바빠 영어 시리즈
손이 기억하는 훈련법

E&E 영어 연구소, 이정선 지음
William Link 원어민 감수

영어가
막 써져!

ABC...
ABD...

이지스에듀

E&E 영어 연구소의 대표 저자

이정선 선생님은 YBM시사, EBS 등에서 출간된 100여 종이 넘는 영어 교재 개발에 참여하였고, 초등, 중등, 고등학생을 대상으로 한 영어 학습 프로그램도 개발한 영어 학습 전문가이다. EBS 고등학교 영어 교재도 개발하여, 최근의 입시 영어 경향도 잘 이해하고 있다. 집필도서로는 《바쁜 5·6학년을 위한 빠른 영문법》 1권, 2권과 《바쁜 5·6학년을 위한 빠른 영작문》, 비상교육의 《알찬 문제집》 중학 1, 2, 3학년용 등이 있다. 전국 최대 규모의 영어 학력평가인 'Yoon's BEFL Contest'와 '해법영어 경시대회(HEAT) 올림피아드' 등 초등학생과 중학생을 위한 다수의 영어능력 평가 문제를 출제했다. 중앙대학교 영어영문과를 졸업하고 숙명여자대학교 교육대학원 TESOL을 이수했다.

E&E 영어 연구소는 쉽고 효과적인(easy & effective) 영어 학습 방법을 개발하는 연구소이다.

원어민 감수자

윌리엄 링크(William Link)는 미국 플로리다 주립대에서 문학 석사 과정을 마쳤으며, 현재 안양외국어고등학교에서 영어를 가르치고 있다.

'바빠 영문법' 시리즈

바쁜 3·4학년을 위한 빠른 영문법 – 초등 영문법 2

초판 6쇄 발행 2024년 4월 15일
지은이 E&E 영어 연구소 이정선   원어민 감수 William Link
발행인 이지연
펴낸곳 이지스퍼블리싱(주)
출판사 등록번호 제313-2010-123호
주소 서울 마포구 잔다리로 109 이지스 빌딩 5층(우 04003)
대표전화 02-325-1722   팩스 02-326-1723
이지스퍼블리싱 홈페이지 www.easyspub.com   이지스에듀 카페 www.easyspub.co.kr
바빠 아지트 블로그 blog.naver.com/easyspub   인스타그램 @easys_edu
페이스북 www.facebook.com/easyspub2014   이메일 service@easyspub.co.kr

본부장 조은미   기획 및 책임 편집 정지연, 이지혜, 박지연, 김현주   교정교열 이수정   문제풀이 서포터즈 이홍주
표지 및 내지 디자인 이유경, 손한나   일러스트 김학수   전산편집 트인글터   마케팅 박정현, 한송이, 이나리
인쇄 보광문화사   영업 및 문의 이주동, 김요한(support@easyspub.co.kr),   독자 지원 오경신, 박애림

ISBN 979-11-6303-095-9 64740
ISBN 979-11-6303-097-3 (세트)
가격 12,000원

• **이지스에듀**는 이지스퍼블리싱의 교육 브랜드입니다.
(이지스에듀는 학생들을 탈락시키지 않고 모두 목적지까지 데려가는 책을 만듭니다!)

"손으로 익히는 최고의 문법책!"

공부법 전문가, 영문과 교수, 명강사들이
적극 추천한 '바쁜 3·4학년을 위한 빠른 영문법'

A powerful textbook stocked full of practical and engaging language lessons. 《Quick Grammar for busy students in grades 3 and 4》 provides all of the tools necessary to build a solid foundation in both written and spoken English.

이 강력한 교재는 실용적이고 매력적인 언어 수업으로 가득 차 있습니다. 이 책은 영어 쓰기와 말하기의 튼튼한 기초를 쌓는 데 필요한 모든 도구를 제공합니다.

William Link 윌리엄 링크 (안양외고 영어교사)

처음 보는 문법은 거의 없지만 정확하게 아는 문법은 얼마나 될까요? 문법의 생명은 정확성이기에 대충 안다는 느낌이 문제가 됩니다. 읽기에 필요한 문법은 대충 넘어갈 수 있지만 쓰기에 필요한 문법은 정확해야 합니다. 쓸 수 없거나 써도 틀린 문장이 됩니다. 필수 문법만을 골라 쓰기에, 쉽고 빠르게 실력으로 연결하는 지름길! 바로 이 책입니다.

박재원 소장(행복한공부연구소)

영문법은 연습을 통해 기본을 탄탄히 해 주어야 합니다. 그런 점에서, 《바빠 영문법》은 손으로 쓰며 익히는 최고의 문법책입니다. 기계적으로 채우는 문장이 아닌, 두뇌를 깨우는 훈련 문장으로 초등 3, 4학년도 몰입하며 스스로 깨닫게 되는 바빠 영문법! 적극 추천합니다.

김진영 원장(연세어학원 청라캠퍼스)

영어는 말하고 써 보는 '출력' 중심의 훈련이 효과적입니다. 이 책은 연필 잡고 문장을 써 보며 두뇌를 활성화하는 훈련으로 가득 차 있네요. 또 전 단계에서 배운 내용을 자연스럽게 반복시켜 주는 학습 설계도 단연 돋보입니다.

문단열 교수(영어강사, 전 성신여대 영문학과 교수)

이 책은 어려운 문법 용어를 배제하고, 뼈대를 잡는 주요 문법 훈련에만 집중하여 3학년, 4학년이 공부하기에 적합합니다. 또한 나선형 커리큘럼으로, 앞에서 배운 내용을 복습하며 진도를 나갈 수 있어 한 번 배운 영문법이 오래 기억에 남도록 설계되었네요. 막힘없이 진도를 나갈 수 있어 공부방이나 학원에서 교재로 쓰기에도 아주 좋겠습니다.

허성원 원장(허성원어학원/YBM잉글루 인창2학원)

시중에 수많은 초등 영문법 책은 어려운 문법 용어가 많아 영문법을 처음 접하는 초등 3, 4학년에게는 어려웠습니다. 이 책은 쉬운 설명과 내용 이해를 극대화해 주는 삽화, 충분한 영문법 훈련 문제까지, 문법을 처음 배우는 초등학생 입장에서 세심하게 배려되었네요. 3, 4학년에게 좀 더 쉽고 효과적으로 영문법을 가르쳐 줄 수는 없을까 늘 고민해 왔는데, 그 해답을 찾았습니다.

이현희 원장(시흥 Links English Club)

드디어 나왔다! 3·4학년 맞춤 영문법 책!

영어가 막 써진다! 손이 기억하는 영문법 공부

하나, 기본 문형과 초등 필수 영단어를 사용했어요!

시중에 좋은 영문법 책은 많지만, 3·4학년이 공부하기에는 너무 어려웠다고요?
이 책의 기본 문장은 3·4학년 수준에 맞춰 초등 필수 영단어를 사용했어요. 기본 문형으로만 구성했고, 어려운 문법 용어는 최소로 사용해 어렵지 않아요! 영문법을 처음 접하는 3·4학년도 문법을 쉽게 이해하고 완벽하게 익힐 수 있는 맞춤 책입니다.

둘, 쓰면서 문법을 깨닫고 답을 찾을 수 있으니 재미있어요!

아무리 좋은 교재라도 직접 써 보고 자기의 것으로 만들지 않는다면 영문법이 머릿속에 남지 않아요. 그래서 이 책은 그 과에서 배운 문법 내용을 영어 문장에 바로 써 보며 공부합니다.
처음부터 전체 문장을 다 쓰라고 하면 막막하겠지요? 그래서 '바빠 영문법'은 작은 빈칸부터 시작해 전체 문장을 완성합니다.
3단계 문법 훈련을 통해 비교하며 써 보고, 영어식 어순으로 제시된 우리말을 참고해서 써 보고, 마지막으로 앞에서 배운 문법을 적용해 문장을 완성해 봅니다. 그래서 이 책을 따라 쓰기만 하면 누구나 쉽게 정확한 문법으로 영어 문장을 만드는 힘이 생겨요!

앞뒤 문장에 답이 있으니 포기하지 않게 돼요.
쓰다 보면 스스로 문법을 깨쳐요!

이 책의 훈련 문제들은 기계적인 빈칸 문제가 아니라, 문법 훈련용으로 잘 설계된 문장들이에요. 혹시 내가 잘 모르는 내용이 나오더라도 앞뒤 문장에서 힌트를 얻어 답을 쓸 수 있답니다! 그래서 문제를 풀 때 집중하게 되고, 포기하지 않고 끝까지 풀게 됩니다. 또한 문장을 쓰다 보면 스스로 문법을 깨치는 즐거움을 맛보게 되지요.
얼핏 보면 다른 문제집과 비슷해 보이지만, 직접 풀어 보면 완전히 다르다는 걸 느끼게 될 거예요!

셋, 나도 모르게 복습이 되는 치밀한 복습 설계!

열심히 공부했는데, 며칠 지나서 다 잊어버리면 억울하겠지요?

한 번 배운 내용을 잊지 않으려면 10분 안에, 1일 안에, 1주일 안에 반복해서 복습해야 합니다. '바빠 영문법'은 한 번 배운 영문법을 잊지 않도록 나도 모르게 복습이 되는 신기한 책이에요.

이 책의 훈련 문장들은 나선형 사다리 모형으로 설계되어 있어요. 나선형 사다리를 한 칸씩 차근차근 따라가다 보면 새로운 단어와 문법을 배우는 동시에, 앞에서 배운 단어와 문법이 계속 누적 반복되어 나옵니다. 그래서 3단계에 나오는 영작 문제는 앞의 훈련 문장을 다 썼다면 누구나 완성할 수 있습니다.

또한, 전 단계의 문법 내용을 다음 단계의 문장 속에도 녹여 놓아, 나도 모르게 복습이 이루어집니다. 그래서 앞에서 배운 문법을 잊지 않고 계속 기억하게 되지요. 오늘 배우는 문법에 어제 배운 문법이 누적 반복되니, 한 번 배운 문법을 잊지 않고 완벽하게 익힐 수 있는 거죠! 두뇌의 망각 곡선을 고려하여 만든 아주 특별한 훈련 문장들을 만나 보세요!

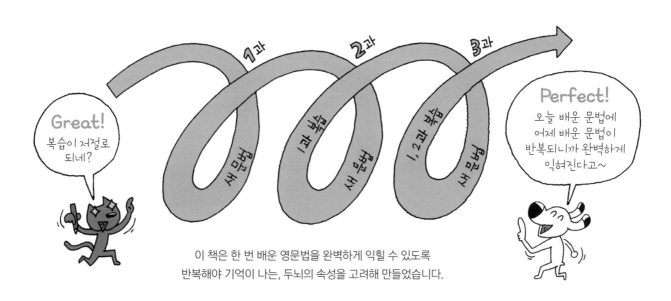

이 책은 한 번 배운 영문법을 완벽하게 익힐 수 있도록
반복해야 기억이 나는, 두뇌의 속성을 고려해 만들었습니다.

기초 영문법의 뼈대가 잡히고 나면 나머지 문법은 이 책에서 배운 영문법을 확장하는 것에 지나지 않습니다. 여러분도 이 책으로 영문법의 튼튼한 뼈대를 만들어 보세요!

이 책으로 훈련하면 초등학교 3·4학년도 정확한 문법으로 영어 문장을 만들 수 있습니다.

0 개념을 먼저 이해하자!

생활 속 그림 예문을 통해 핵심 문법 사항을 확인하고, 이해할 수 있어요!

1 1단계 – 비교하면 답이 보여!

두 문장을 비교하며 써 보면 문법을 정확히 알게 돼요!

1단계~3단계 문장까지 원어민 녹음! — mp3 파일의 3가지 활용법

1. 답을 맞힐 때 해답지 대신 mp3 파일로 확인해 보세요.
2. 각 단계별 문제를 모두 푼 다음, 책을 덮고 mp3를 들어 보세요.
3. 문장을 들으면서 따라 읽어 보세요.

2 2단계 – 쓰다 보면 문법이 보여!

영어식 어순으로 제시된 우리말을 참고해 문장을 완성하세요!

3 3단계 – 영작이 되면 이 영문법은 OK!

앞에서 배운 문법 항목을 적용해 문장을 완성해 보세요!

2단계 쓰다 보면 문법이 보여!

그녀는 야구를 하고 있다.

영어식 어순을 보며 끊어 읽기까지 영문법을 깨치게 돼요!

❶ 그는 / 하고 있다 / 야구를.

He _____ _____ baseball.

❷ 그녀는 / 하고 있다 / 야구를.

She is playing _____ .

❸ 우리는 / 하고 있다 / 야구를.

We _____ _____ baseball.

❹ 우리는 / 노래하고 있다.

_____ _____ singing.

❺ 나는 / 노래하고 있다.

I am _____ now.

❻ 나는 / 자고 있다 / 지금.

_____ _____ sleeping now.

❼ 그는 / 자고 있다 / 지금.

He is _____ .

❽ 그는 / 먹고 있다 / 지금.

_____ _____ eating now.

❾ 그는 / 먹고 있다 / 아침을 / 지금.

He is _____ breakfast _____ .

❿ 너는 / 먹고 있다 / 아침을 / 지금.

_____

문장 끝에는 마침표를 꼭 찍어요!

now: 지금
now는 '지금'이라는 뜻으로, 지금 하고 있는 일을 나타내는 현재 진행형 문장에 자주 쓰여요. 지금 말해 보세요.
I am studying now.
나는 지금 공부하고 있어.

A B 내가 하는 문법 정리!

▶다음 동사의 -ing형을 쓰세요.

1. play   playing
2. sing   _____
3. sleep _____
4. eat   _____

14

'내가 하는 문법 정리'로 영문법 확인!

3단계 영작이 되면 이 영문법은 OK!

너는 지금 케이크를 먹고 있다.

❶ 책은 그의 손을 씻고 있다.   Jack _____ washing his hands.

❷ 책은 그의 얼굴을 씻고 있다.   Jack is _____ his face.

❸ 나는 내 얼굴을 씻고 있다.   I am was _____

❹ 나는 텔레비전을 보고 있다.   I _____

앞뒤 문장들 속에 힌트가 있어요! 정확한 문법으로 영작 완성!

❺ 나는 지금 텔레비전을 보고 있다.   I am _____ now.

❻ 그들은 지금 텔레비전을 보고 있다.   _____

❼ 그들은 지금 공부하고 있다.   They are _____ now.

---

07 시험에는 이렇게 나온다
01~06과 복습

/25개

1. 다음 동사를 -ing형으로 바꾸세요.

1) play ⇒ _____   2) sit ⇒ _____

3) lie ⇒ _____   4) dance ⇒ _____

학교 시험 유형까지 완벽하게 대비해요!

[2~4] 밑줄 친 부분을 줄임말로 바꿔 쓰세요.

2. I am watching TV.   ⇒ _____

3. You are helping him.   ⇒ _____

4. He is visiting the museum.   ⇒ _____

[5~6] 다음 질문에 대한 대답을 완성하세요.

무엇을 하고 있나요?

5. The panda _____ .

6. She _____ the piano.

36

---

4 시험에 자주 나오는 문제로 복습

시험 문제를 자주 출제하는 저자가 학교 시험에 자주 나오는 문제를 엄선했어요!

Contents

바쁜 3·4학년을 위한 빠른 영문법 – 초등 영문법 ❷

2권에서는 현재진행형, 과거형, 미래형 그리고 can과 비인칭 주어 it을 공부합니다.

바쁜 3·4학년을 위한 빠른 영문법 – 초등 영문법 ❶

다루고 있는 문법 확인하기

ㅣ권에서는 be동사와 일반동사의 현재형과 의문문 그리고 위치·시간 전치사와 빈도 부사를 공부합니다.

☆ 나만의 공부 계획을 세워 보자

나는?

- ☑ is와 are의 구분이 어려워요.
- ☑ 영어 문제만 보면 졸려요.

하루에 한 과씩 30일 완성!

1~28일차　하루에 한 과씩 공부!

29, 30일차　틀린 문제 복습

나는?

- ☑ 지금 4학년이에요.
- ☑ 영문법 공부를 한 적이 있지만 맞는 문장인지 헷갈려요.

하루에 한두 과씩 20일 완성!

1~8일차　하루에 두 과씩 공부!

9~19일차　하루에 한 과씩 공부!

20일차　　28과, 틀린 문제 복습

나는?

- ☑ 방학이라 시간이 좀 있어요~
- ☑ 영문법 실력을 빠르게 쌓고 싶어요!

하루에 두 과씩 15일 완성!

1~14일차　하루에 두 과씩 공부!

15일차　　틀린 문제 복습

▶ 이 책을 지도하시는 분들께!

1. 영어 문장을
소리 내어 읽고,
말하듯 연습하게 해 주세요.

2. 틀린 문장은
연습장에 문장 전체를
다시 써 보게 하세요.

입력(input) 방식의 수동적인 학습보다는 출력(output) 방식의 학습이 더 오래 기억됩니다. 그래서 이 책도 '쓰는 방식'을 이용합니다.

출력 방식의 학습법 중 또 하나는 '말하는 것'입니다. 학습한 영어 문장을 소리 내어 읽고, 그다음에는 영어 문장을 보지 않고도 표현할 수 있게 도와주세요. 영어를 손으로 가린 다음 한글 해석만 보고 문장을 표현하도록 연습하면 효과적입니다.

부분 오답이더라도 한 번 더 문장을 기억할 수 있도록 지도해 주세요. 그 자리에서 정리하게 하거나, 숙제로 내서 문장 전체를 외우게 해 주세요.

♥ 그리고 공부를 마치면 꼭 칭찬해 주세요! ♥

문장이 써지면 **이 영문법은 OK!**

바쁜 빠른

3·4학년을 위한 영문법

초등 영문법 ②

나는 먹고 있다.
I am eating.

01.mp3

☆ 지금 하고 있는 일은 〈am/are/is+(동사원형)-ing〉로 나타내요
→ 사전에 나오는 동사의 원래 형태.

지금 이 순간!

I am **eating**.
→ eat+-ing

나는 (지금) 먹고 있다.

He is **sleeping**.
→ sleep+-ing

그는 (지금) 자고 있다.

They are **watching** TV.
→ watch+-ing

그들은 (지금) 텔레비전을 보고 있다.

〈be동사+(동사원형)-ing〉는 '~하고 있다'라는 뜻으로 현재 진행하고 있는 일을
표현해요.

새로운 단어 eat 먹다 | sleep 자다 | watch 보다 | study 공부하다 | sing 노래하다

❶

나는 / 먹는다.

I eat.

I am [   ].

나는 / 먹고 있다.

❷

그는 / 잔다.

He sleeps.

He is [   ].

그는 / 자고 있다.

❸

그들은 / 본다 / 텔레비전을.

They watch TV.

They are [   ] TV.

그들은 / 보고 있다 / 텔레비전을.

❹

그녀는 / 씻는다 / 그녀의 손을.

She washes her hands.

She is [   ] her hands.

그녀는 / 씻고 있다 / 그녀의 손을.

❺

너는 / 공부한다.

You study.

You [   ] [   ].

너는 / 공부하고 있다.

❻

너의 친구는 / 노래한다.

Your friend sings.

Your friend [   ] [   ].

너의 친구는 / 노래하고 있다.

❼

우리는 / 한다 / 축구를.

We play soccer.

We [   ] [   ] soccer.

우리는 / 하고 있다 / 축구를.

❽

미아는 / 산다 / 케이크를.

Mia buys a cake.

Mia [   ] [   ] a cake.

미아는 / 사고 있다 / 케이크를.

그녀는 야구를 하고 있다.

1 그는 / 하고 있다 / 야구를.

He [   ] [   ] baseball.

2 그녀는 / 하고 있다 / 야구를.

She is playing [   ] .

3 우리는 / 하고 있다 / 야구를.

We [   ] [   ] baseball.

4 우리는 / 노래하고 있다.

[   ] [   ] singing.

5 나는 / 노래하고 있다.

I am [   ] now.

6 나는 / 자고 있다 / 지금.

[   ] [   ] sleeping now.

 now: 지금

now는 '지금'이라는 뜻으로, 지금 하고 있는 일을 나타내는 현재 진행형 문장에 자주 쓰여요. 지금 말해 보세요.

I am studying now.
나는 지금 공부하고 있어.

7 그는 / 자고 있다 / 지금.

He is [   ] [   ] .

A B 내가 하는 문법 정리!

▶ 다음 동사의 -ing형을 쓰세요.

1. play [playing]

8 그는 / 먹고 있다 / 지금.

[   ] [   ] eating now.

2. sing [   ]

3. sleep [   ]

9 그는 / 먹고 있다 / 아침을 / 지금.

He is [   ] breakfast [   ] .

4. eat [   ]

10 너는 / 먹고 있다 / 아침 / 지금.

[   ]

문장 끝에는 마침표를 꼭 찍어요!

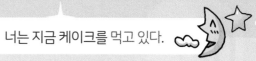 너는 지금 케이크를 먹고 있다.

❶ 잭은 그의 손을 씻고 있다.   Jack ☐ washing his hands.

❷ 잭은 그의 얼굴을 씻고 있다.   Jack is ☐ his face.

❸ 나는 내 얼굴을 씻고 있다.   I am washing ☐ ☐ .

❹ 나는 텔레비전을 보고 있다.   I ☐ watching TV.

❺ 나는 지금 텔레비전을 보고 있다.   I am ☐ ☐ now.

❻ 그들은 지금 텔레비전을 보고 있다.   ☐

❼ 그들은 지금 공부하고 있다.   They are ☐ now.

❽ 애바와 리암은 지금 공부하고 있다.   Ava and Liam ☐ studying ☐ .

❾ 리암은 지금 공부하고 있다.   ☐

❿ 리암은 지금 케이크를 사고 있다.   Liam ☐ buying a cake now.

⓫ 너는 지금 케이크를 사고 있다.   You are ☐ ☐ ☐ now.

⓬ 너는 지금 케이크를 먹고 있다.   ☐

확인 문제

▶ 괄호 안에서 알맞은 말을 고르세요.

1. He is (watches / watching) TV.   2. I (am eating / eating) breakfast.

3. You (are sleeping / are sleep) now.   4. Liam and Ava are (study / studying).

02

그녀는 피자를 만들고 있다.
She is making a pizza.

02.mp3

☆ 동사에 따라 -ing를 붙이는 방법이 달라져요

그녀는 피자를 만든다.
→ makes의 동사원형은 make.

She makes a pizza.

She is making a pizza.

그녀는 피자를 만들고 있다.
→ make+-ing

She makes a pizza.는
'평소에 자주 피자를 만든다' 는 뜻이고,
She is making a pizza.는
'지금, 바로 이 순간 피자를 만들고 있다' 는
뜻이에요.

☆ 동사원형(동사의 원래 형태)에 -ing를 붙이는 방법

have make take	-e로 끝나는 동사	e를 빼고 ➕ -ing	having making taking
swim sit run	→ 모음은 a, e, i, o, u! 모음 1개 + 자음 1개로 끝나는 동사	끝의 자음을 한 번 더 쓰고 ➕ -ing	swimming sitting running
lie	-ie로 끝나는 동사	ie를 y로 고치고 ➕ -ing	lying

새로운 단어 swim 수영하다 | sit 앉다 | run 달리다 | lie 눕다 | take a walk 산책하다 | dance 춤추다

비교하면
답이 보여!

나는 앉아 있다.

❶

나는 / 앉는다.

I sit.

I am _____ .

나는 / 앉아 있다.

❷

그녀는 / 만든다 / 피자를.

She makes a pizza.

She is _____ a pizza.

그녀는 / 만들고 있다 / 피자를.

❸

우리는 / 수영한다.

We swim.

We are _____ .

우리는 / 수영하고 있다.

❹

그는 / 산책한다.

He takes a walk.

He is _____ a walk.

그는 / 산책하고 있다.

❺

너는 / 달린다.

You run.

You _____ _____ .

너는 / 달리고 있다.

❻

그녀의 여동생은 / 먹는다 / 점심을.

Her sister has lunch.

Her sister _____ _____

lunch. 그녀의 여동생은 / 먹고 있다 / 점심을.

❼

그들은 / 눕는다 / 침대에.

They lie on the bed.

They _____ _____ on the bed.

그들은 / 누워 있다 / 침대에.

❽

잭은 / 춤춘다.

Jack dances.

Jack _____ _____ .

잭은 / 춤추고 있다.

2단계 쓰다 보면 문법이 보여!

그는 춤추고 있다.

① 나는 / 먹고 있다 / 점심을.

I am ☐ lunch.

자주 쓰는 표현
have breakfast/lunch/dinner
아침/점심/저녁을 먹다

② 나는 / 먹고 있다 / 저녁을.

☐ ☐ having dinner.

③ 내 엄마는 / 먹고 있다 / 저녁을.

My mom ☐ ☐ ☐ .

④ 내 엄마는 / 만들고 있다 / 저녁을.

☐ ☐ is making dinner.

⑤ 내 엄마는 / 만들고 있다 / 피자를.

My mom ☐ ☐ a pizza.

⑥ 우리는 / 만들고 있다 / 피자를.

☐

⑦ 우리는 / 산책하고 있다.

We are ☐ a walk.

⑧ 그는 / 산책하고 있다.

☐ is taking a ☐ .

⑨ 그는 / 춤추고 있다.

He ☐ dancing.

⑩ 그와 그녀는 / 춤추고 있다.

He and she ☐ ☐ .

내가 하는 문법 정리!

▶다음 동사의 -ing형을 쓰세요.

1. make making
2. lie ☐
3. sit ☐
4. run ☐

18

 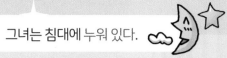
❶ 리암과 미아는 수영하고 있다. Liam and Mia are [   ].

❷ 미아는 수영하고 있다. Mia [   ] swimming.

❸ 나는 수영하고 있다. [   ]

❹ 나는 앉아 있다. I [   ] sitting.

❺ 나는 벤치에 앉아 있다. I am [   ] on the bench.

❻ 우리는 벤치에 앉아 있다. We are sitting [   ] [   ] [   ].

❼ 우리는 달리고 있다. [   ] [   ] running.

❽ 그는 달리고 있다. He [   ] [   ].

❾ 너는 달리고 있다. [   ]

❿ 너는 누워 있다. [   ] are lying.

⓫ 너는 침대에 누워 있다. You [   ] [   ] on the bed.

⓬ 그녀는 침대에 누워 있다. [   ]

확인문제

▶ 괄호 안에서 알맞은 말을 고르세요.

1. She is (lying / lie).　　　　2. We are (swiming / swimming).

3. I (has / am having) breakfast.　　4. Mia and Liam (are run / are running).

03 그는 걷고 있지 않다.

He is not walking.

03.mp3

☆ 지금 '~하고 있지 않다'라고 할 때는 am/are/is 뒤에 not을 넣어요

He is not walking. 그는 (지금) 걷고 있지 않다.

They are not lying. 그들은 (지금) 누워 있지 않다.

☆ 주어와 be동사를 합쳐서 줄여 쓸 수 있어요

지금 '~하고 있지 않다'라고 말할 때는 주어와 be동사를 합쳐서 줄여 쓸 때가 많으니까 〈주어+be동사〉의 줄임말을 익혀 두세요.

따라 쓰세요!

I am ▶ I'm

| We are ▶ We're |
| You are ▶ You're |
| They are ▶ They're |

| He is ▶ He's |
| She is ▶ She's |
| It is ▶ It's |

❶

나는 / 하고 있다 / 게임을.

I am playing the game.

I am ⬚ playing the game.

나는 / 하고 있지 않다 / 게임을.

❷

그녀는 / 누워 있다 / 침대에.

She is lying on the bed.

She is ⬚ ⬚ on the bed. 그녀는 / 누워 있지 않다 / 침대에.

❸

우리는 / 수영하고 있다.

We are swimming.

We are ⬚ ⬚ .

우리는 / 수영하고 있지 않다.

❹

그는 / 걷고 있다.

He is walking.

He is ⬚ ⬚ .

그는 / 걷고 있지 않다.

❺

너는 / 듣고 있다 / 음악을.

You are listening to music.

You ⬚ ⬚ ⬚ to music. 너는 / 듣고 있지 않다 / 음악을.

❻

미아는 / 돕고 있다 / 그들을.

Mia is helping them.

Mia ⬚ ⬚ ⬚ them. 미아는 / 돕고 있지 않다 / 그들을.

❼

그들은 / 울고 있다.

They are crying.

They ⬚ ⬚ ⬚ .

그들은 / 울고 있지 않다.

❽

잭은 / 쓰고 있다 / 이메일을.

Jack is writing an e-mail.

Jack ⬚ ⬚ ⬚ an e-mail. 잭은 / 쓰고 있지 않다 / 이메일을.

우리는 음악을 듣고 있지 않다.

<주어+be동사>는 줄임말로 써 보세요.

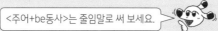

❶ 우리는 / 듣고 있지 않다.

We're [　　　] listening.

 We're not listening.
= We aren't listening.

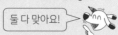 둘 다 맞아요!

<be동사+not>의 줄임말

1권에서 배운 내용을 정리해 봐요.
is not = isn't
are not = aren't
am not은 줄여 쓸 수 없어요.

❷ 우리는 / 듣고 있지 않다 / 음악을.

[　　　] not [　　　] to music.

❸ 그녀는 / 듣고 있지 않다 / 음악을.

She's not listening [　　　] [　　　] .

❹ 그녀는 / 듣고 있지 않다 / 내 말을.

She's [　　　] [　　　] to me.

❺ 너는 / 듣고 있지 않다 / 내 말을.

You're not listening [　　　] [　　　] .

❻ 너는 / 돕고 있지 않다 / 나를.

You're [　　　] helping me.

❼ 그는 / 돕고 있지 않다 / 나를.

[　　　] [　　　] [　　　] me.

❽ 그는 / 하고 있지 않다 / 게임을.

He's not [　　　] [　　　] [　　　] .

❾ 나는 / 하고 있지 않다 / 게임을.

I'm [　　　] playing the game.

❿ 나는 / 치고 있지 않다 / 피아노를.

[　　　　　　　　　　　　　　　　]

 내가 하는 문법 정리!

▶ 밑줄 친 부분을 줄임말로 바꾸세요.

1. She is not crying.

She's

2. They are not running.

[　　　]

22

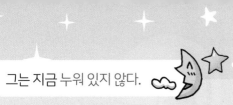

<주어+be동사>는 줄임말로 써 보세요.

❶ 그는 이메일을 쓰고 있지 않다.　He's [ ] [ ] an e-mail.

❷ 그녀는 이메일을 쓰고 있지 않다.　She's not writing [ ] [ ].

❸ 그녀는 지금 울고 있지 않다.　[ ] [ ] crying now.

❹ 그들은 지금 울고 있지 않다.　They're [ ] [ ] now.

❺ 그들은 지금 걷고 있지 않다.　They're not walking [ ].

❻ 나는 지금 걷고 있지 않다.　[ ]

❼ 나는 지금 달리고 있지 않다.　I'm [ ] running now.

❽ 우리는 지금 달리고 있지 않다.　We're not [ ] now.

❾ 우리는 지금 수영하고 있지 않다.　[ ] [ ] swimming now.

❿ 너희들은 지금 수영하고 있지 않다.　You're [ ] [ ] now.

⑪ 너희들은 지금 누워 있지 않다.　You're not lying [ ].

⑫ 그는 지금 누워 있지 않다.　[ ]

확인문제

▶다음 문장을 부정문으로 바꿔 쓸 때 빈칸에 알맞은 말을 쓰세요.

1. We are helping them.　→　We [ ] [ ] [ ] them.

2. He is playing soccer.　→　He [ ] [ ] [ ] soccer.

04 너는 걷고 있니?
Are you walking?

04.mp3

☆ 지금 하고 있는 일을 물어볼 때는 am, are, is(be동사)를 주어 앞으로!

주어
Are you walking?
너는 걷고 있니?

주어
Is she helping you?
그녀는 너를 돕고 있니?

be동사 먼저! 주어 나중에!

☆ '그래.'는 Yes, '안 그래.'는 No로 대답해요!

따라 쓰세요!

Are you walking?
▶ Yes, I am.
▶ No, I'm not.

Is she helping you?
▶ Yes, she is.
▶ No, she isn't.

새로운 단어 visit 방문하다 | grandparents 조부모 | panda 판다 | monkey 원숭이

24

❶

너는 / 걷고 있다.

You are walking.

Are you walking?

~있니 / 너는 / 걷고 있는?

❷

응, / 나는 그래.

Yes, I am.

No, I'm [ ] .

I'm = I am의 줄임말.

아니, / 나는 안 그래.

❸

그녀는 / 돕고 있다 / 나를.

She is helping me.

[ ] she [ ] you?

~있니 / 그녀는 / 돕고 있는 / 너를?

❹

응, / 그녀는 그래.

Yes, [ ] is.

No, she [ ] .

아니, / 그녀는 안 그래.

❺

그들은 / 방문하고 있다 / 그를.

They are visiting him.

[ ] [ ] visiting him?

~있니 / 그들은 / 방문하고 있는 / 그를?

❻

응, / 그들은 그래.

Yes, they [ ] .

No, [ ] aren't.

아니, / 그들은 안 그래.

❼

그 고양이는 / 자고 있다.

The cat is sleeping.

[ ] the cat [ ] ?

~있니 / 그 고양이는 / 자고 있는?

❽

응, / 그것은 그래.

Yes, it [ ] .

동물은 보통 it으로 받아 말해요.

No, [ ] isn't.

아니, / 그것은 안 그래.

① ~있니 / 그들이 / 방문하고 있는 / 너를?

☐ ☐ visiting you?

visit(방문하다)

박물관이나 도시 같은 장소를 '가 볼' 때, 또는 누군가를 '방문하거나 찾아 뵐' 때 동사 visit을 써요.
They are visiting Seoul.
그들은 서울을 방문하고 있다.

② ~있니 / 그들이 / 방문하고 있는 / 그 박물관을?

Are they ☐ the museum?

③ ~있니 / 너는 / 방문하고 있는 / 그 박물관을?

Are you visiting ☐ ☐ ?

④ ~있니 / 너는 / 방문하고 있는 / 네 조부모를?

☐ ☐ ☐ your grandparents?

⑤ ~있니 / 그는 / 방문하고 있는 / 그의 조부모를?

☐ ☐ visiting his ☐ ?

⑥ ~있니 / 그는 / 돕고 있는 / 그의 조부모를?

Is he helping ☐ ☐ ?

⑦ ~있니 / 그들은 / 돕고 있는 / 그들의 조부모를?

☐ ☐ ☐ their grandparents?

⑧ ~있니 / 그들은 / 걷고 있는?

Are they ☐ ?

⑨ ~있니 / 그녀는 / 걷고 있는?

☐ ☐ walking?

⑩ ~있니 / 너는 / 걷고 있는?

☐

내가 하는 문법 정리!

▶다음 문장을 의문문으로 바꿀 때 빈칸에 알맞은 말을 쓰세요.

He is helping you.

→ ☐ ☐ helping you?

❶ 그들은 자고 있니? ☐ ☐ sleeping?

❷ 그 판다는 자고 있니? Is the panda ☐ ?

❸ 그 판다는 놀고 있니? Is ☐ ☐ playing?

❹ 그 원숭이는 놀고 있니? Is the monkey ☐ ?

❺ 그 원숭이들은 놀고 있니? ☐ the monkeys playing?

❻ 그 원숭이들은 바나나들을 먹고 있니? Are ☐ ☐ eating bananas?

❼ 너희들은 바나나들을 먹고 있니? Are you ☐ ☐ ?

❽ 너희들은 사과들을 먹고 있니? ☐ ☐ eating apples?

❾ 그녀는 사과들을 먹고 있니? ☐

❿ 그녀는 음악을 듣고 있니? Is she ☐ ☐ music?

⓫ 너는 음악을 듣고 있니? ☐

⓬ 너는 내 말을 듣고 있니? ☐ you ☐ to me?

확인문제

▶ 다음 대화의 빈칸에 알맞은 말을 쓰세요.

A: ☐ ☐ visiting your grandparents?

B: ☐ , I am.

05 네 책을 펼쳐라.

Open your book.

05.mp3

☆ '~해라'라고 말할 때는 동사원형으로 시작해요

누군가에게 '~을 해라', '~을 하세요'라고 말하는 것을 '명령문'이라고 해요.

조용히 해라.

Be quiet.
↳ am, are, is(be동사)는 be가 동사원형이에요.

Open your book.

네 책을 펼쳐라.

☆ 부드럽게 말할 때는 please를 명령문의 앞이나 뒤에 덧붙여요

(제발) 조용히 하세요.

Please be quiet.
= Be quiet, please.

Please be quiet.

좀 조용히 해줘.

새로운 단어 quiet 조용한 | open 열다 | please 제발 | close 닫다 | stand 서다
window 창문 | door 문

❶

너는 / 조용하다.

You are quiet.

[   ] quiet.

조용히 해라.

❷

너는 / 행복하다.

You are happy.

[   ] happy.

행복해라. → 명령은 눈앞에 있는 상대방에게 하는 거니까, 명령문 속에 숨어 있는 주어는 you!

❸

너는 / 펼친다 / 네 책을.

You open your book.

[   ] your book.

펼쳐라 / 네 책을.

→ 책을 펼치고, 창문이나 문을 열고, 눈을 뜨는 동작은 모두 open을 써요.

❹

너는 / 덮는다 / 네 책을.

You close your book.

→ 책을 덮고, 창문이나 문을 닫고, 눈을 감는 동작은 모두 close를 써요.

[   ] your book.

덮어라 / 네 책을.

❺

너는 / 앉는다.

You sit down.

[   ] down.

앉아라.

❻

너는 / 일어선다.

You stand up.

[   ] up.

일어서라.

❼

열어라 / 창문을.

Open the window.

Please [   ] the window.

제발 / 열어라 / 창문을.

❽

닫아라 / 문을.

Close the door.

[   ] the door, please.

닫아라 / 문을 / 제발.

1 열어라 / 창문을.

[____] the window.

2 열어라 / 창문들을.

Open the [____] .

3 닫아라 / 창문들을.

Close [____] [____] .

4 덮어라 / 네 책을.

[____] your book.

5 덮어라 / 네 책들을.

[_____]

6 펼쳐라 / 네 책들을.

[____] your books.

7 열어라 / 문을.

Open [____] [____] .

8 닫아라 / 문을.

[____] the door.

9 감아라 / 네 눈을.

Close [____] eyes.

10 떠라 / 네 눈을.

[_____]

 반대되는 말

• open과 close
  open: 열다
  close: 닫다

• stand up과 sit down
  stand up: 일어서다
  sit down: 앉다

  위 두 표현에 있는 up은 '위로',
  down은 '아래로'라는 뜻이에요.

A B 내가 하는 문법 정리!

▶ 다음 동사의 원형을 쓰세요.

1. are [be]

2. opens [____]

3. sits [____]

1 앉아라.　　　　　[　　　] down.

2 여기에 앉아라.　　　Sit [　　　] here.　→ '여기에', '이곳에'라는 뜻.

3 (제발) 여기에 앉으세요.　Please sit down [　　　].

4 (제발) 앉으세요.　　　[　　　　　　　　　　]

5 (제발) 일어서세요.　　[　　　] stand up.

6 일어나라.　　　　　Stand [　　　].

7 일어서세요, (제발).　[　　　] up, please.

8 조용히 하세요, (제발).　Be quiet, [　　　].

9 조용히 해라.　　　[　　　] quiet.

10 여기에서는 조용히 해라.　[　　　　　　　　　　]

11 행복해라.　　　　[　　　] happy.

12 행복하세요, (제발).　[　　　　　　　　　　]

확인문제

▶다음 문장을 명령문으로 바꿔 쓰세요.

1. You sit down.　→ _____

2. You are quiet.　→ _____

3시에 만나자.
Let's meet at 3:00.

06.mp3

☆ '(우리) ~하자'라고 제안할 때는 Let's ~로 시작해요

Let's meet at 3:00.
3시에 만나자.

We meet at 3:00.   우리는 3시에 만난다.
Let's meet at 3:00. (우리) 3시에 만나자.

Let's go to the movies.
영화 보러 가자.

Let's 다음에는 동사원형을 써요.
Let's goes~, Let's going~과 같이 쓰지 않아요~

새로운 단어 go to the movies 영화 보러 가다 | take 타다 | subway 지하철
go fishing 낚시하러 가다 | park 공원 | library 도서관 | tomorrow 내일

1단계 비교하면 답이 보여!

❶

우리는 / 만난다 / 3시에.

We meet at 3:00.

[   ] meet at 3:00.

만나자 / 3시에.

❷

우리는 / 탄다 / 지하철을.

We take a subway.

[   ] take a subway.

타자 / 지하철을.

→ '(우리) ~하자'고 제안하는 말로 Let us의 줄임말이에요.

❸

우리는 / 본다 / 영화를.

We watch a movie.

[   ] [   ] a movie.

보자 / 영화를.

❹

우리는 / 영화 보러 간다.

We go to the movies.

[   ] [   ] to the movies.

영화 보러 가자.

❺

우리는 / 낚시하러 간다.

We go fishing.

[   ] [   ] fishing.

낚시하러 가자.

❻

우리는 / 간다 / 공원에.

We go to the park.

[   ] [   ] to the park.

가자 / 공원에.

→ to는 '~로'라는 의미로, 방향을 나타내는 말이에요.

❼

우리는 / 방문한다 / 박물관을.

We visit the museum.

[   ] [   ] the museum.

방문하자 / 박물관을.

❽

우리는 / 걸어간다 / 도서관으로.

We walk to the library.

[   ] [   ] to the library.

걸어가자 / 도서관으로.

1 타자 / 버스를.

[＿＿] take a bus.

2 타자 / 지하철을.

Let's [＿＿] a subway.

3 타자 / 지하철을 / 지금.

Let's take [＿] [＿＿] now.

4 보자 / 영화를 / 지금.

[＿＿] watch a movie [＿＿] .

5 보자 / 영화를 / 오전에.

Let's [＿＿] [＿] [＿＿] in the morning.

6 만나자 / 오전에.

Let's meet [＿＿] [＿＿] [＿＿] .

7 만나자 / 2시에.

[＿＿＿＿＿＿＿＿]

8 영화 보러 가자 / 2시에.

[＿＿] [＿＿] to the movies at 2:00.

9 영화 보러 가자 / 일요일에.

Let's go [＿＿] [＿＿] [＿＿] on Sunday.

10 가자 / 박물관에 / 일요일에.

[＿＿＿＿＿＿＿＿]

꿀팁! **take의 다양한 뜻**

동사 take는 뒤에 오는 말에 따라 여러 가지 뜻이 있어요.

take a nap: 낮잠을 자다
take a rest: 쉬다, 휴식하다
take a bus/taxi/subway
버스/택시/지하철을 타다

A B **내가 하는 문법 정리!**

▶ 우리말과 일치하도록 빈칸에 알맞은 말을 쓰세요.

1. 여기서 만나자.

[＿＿] [＿＿] here.

2. 버스를 타자.

[＿＿] [＿＿] a bus.

1 박물관을 방문하자.   ☐ visit the museum.

2 도서관을 방문하자.   Let's ☐ the library.

3 금요일에 도서관을 방문하자.   Let's visit the ☐ on Friday.

4 금요일에 도서관에 가자.   ☐ go to the library ☐ ☐ .

5 지금 도서관에 가자.   Let's ☐ ☐ ☐ ☐ now.

6 지금 공원에 가자.   Let's go to the park ☐ .

7 오후에 공원에 가자.   ☐ ☐ to the ☐ in the afternoon.

8 오후에 만나자.   Let's meet ☐ ☐ ☐ .

9 내일 만나자.   ☐ ☐ tomorrow.

10 내일 낚시하러 가자.   ☐

11 화요일에 낚시하러 가자.   ☐ go fishing on Tuesday.

12 화요일에 수영하러 가자.   ☐

확인문제

▶괄호 안에서 알맞은 말을 고르세요.

1. Let's (are / be) quiet.   2. Let's (go / goes) to the park.

3. (Let / Let's) eat lunch.   4. Let's (open / opening) the window.

35

1. 다음 동사를 -ing형으로 바꾸세요.

1) play ➡ _____

2) sit ➡ _____

3) lie ➡ _____

4) dance ➡ _____

[2~4] 밑줄 친 부분을 줄임말로 바꿔 쓰세요.

2. <u>I am</u> watching TV. ➡ _____

3. <u>You are</u> helping him. ➡ _____

4. <u>He is</u> visiting the museum. ➡ _____

[5~6] 다음 질문에 대한 대답을 완성하세요.

 무엇을 하고 있나요?

5.  The panda _____ _____ .

6.  She _____ _____ the piano.

[7~10] 괄호 안에서 알맞은 말을 고르세요.

7. (Close / Closes) your eyes.

8. (Let / Let's) meet at 2:30.

9. They (don't / aren't) singing now.

10. Please (open / opening) the window.

[11~13] 빈칸에 알맞은 말을 고르세요.

11.

> Mia is _____ .

① runs   ② run   ③ running

12.

> Let's _____ to the park.

① go   ② goes   ③ going

13.

> _____ up, please.

① Stand   ② Standing   ③ Stands

[14~15] 그림을 보고 맞는 문장을 고르세요.

14.

Mia is buying a cake.　　　(　　)

Mia is not buying a cake.　(　　)

15.

The baby is crying.　　　(　　)

The baby is not crying.　(　　)

[16~18] 밑줄 친 부분을 바르게 고쳐 쓰세요.

16. Please is quiet.　　　　⇒ _____

17. We are help them.　　　⇒ _____

18. I not am washing my face.　⇒ _____

[19~20] 다음 문장을 '~하고 있지 않다'는 의미의 문장으로 바꿔 쓰세요.

19. We are swimming. ⇒ _____

20. She is walking.　⇒ _____

[21~23] 우리말과 일치하도록 괄호 안의 단어를 바르게 배열하세요.

21.

> 우리는 아침을 먹고 있다.   (eating / are / breakfast / We)

➡ _____

22.

> 여기에 앉아라.   (down / here / Sit)

➡ _____

23.

> 영화 보러 가자.   (to the movies / go / Let's)

➡ _____

[24~25] 그림을 보고 질문에 알맞은 대답을 쓰세요.

24.

A: Is he listening to music?

B: _____ , he _____ .

25.

A: Are they playing soccer?

B: _____ , _____ _____ .

08 나는 유튜버였다.
I was a YouTuber.

08.mp3

☆ '~였다', '있었다'라고 과거를 말할 때는 was, were를 써요

I was a YouTuber.
나는 유튜버였다.

We were in the room.
우리는 그 방에 있었다.

was는 am과 is,
were는 are의 과거예요.

☆ 주어에 따라 was, were의 짝이 달라요

주어가 I, She, He, It일 때는 was를, We, You, They면 were를 써요.

새로운 단어 room 방 | programmer 프로그래머 | dentist 치과 의사 | bedroom 침실
power blogger 파워 블로거

1

나는 / ~이다 / 유튜버.

I am a YouTuber.

I [   ] a YouTuber.

나는 / ~였다 / 유튜버.

2

우리는 / ~이다 / 프로그래머들.

We are programmers.

We [   ] programmers.

우리는 / ~였다 / 프로그래머들.

3

너는 / ~이다 / 치과 의사.

You are a dentist.

You [   ] a dentist.

너는 / ~였다 / 치과 의사.

4

너희들은 / ~이다 / 의사들.

You are doctors.

[   ] [   ] doctors.

너희들은 / ~였다 / 의사들.

5

그는 / ~이다 / 행복한.

He is happy.

He [   ] happy.

그는 / ~였다 / 행복한.

6

그들은 / ~이다 / 슬픈.

They are sad.

[   ] [   ] sad.

그들은 / ~였다 / 슬픈.

7

그녀는 / 있다 / 그녀의 침실에.

She is in her bedroom.

[   ] [   ] in her bedroom.

그녀는 / 있었다 / 그녀의 침실에.

8

우리는 / 있다 / 그 방에.

We are in the room.

We [   ] in the room.

우리는 / 있었다 / 그 방에.

① 그는 / ~였다 / 의사.

He [ ] a doctor.

② 그는 / ~였다 / 치과 의사.

[ ] was a dentist.

③ 그들은 / ~였다 / 치과 의사들.

They [ ] [ ] .

④ 우리는 / ~였다 / 치과 의사들.

[ ] were dentists.

⑤ 우리는 / ~였다 / 파워 블로거들.

We [ ] power bloggers.

> 방문자 수가 많고 댓글도 많이 달려 영향력이 큰 인터넷 블로그 운영자를 '파워 블로거'라고 해요.

⑥ 나의 부모님은 / ~였다 / 파워 블로거들.

My parents [ ] power bloggers.

⑦ 나는 / ~였다 / 파워 블로거.

I [ ] a [ ] [ ] .

⑧ 나는 / ~였다 / 프로그래머.

I was a [ ] .

⑨ 그녀는 / ~였다 / 프로그래머.

She [ ] a programmer.

⑩ 너희들은 / ~였다 / 프로그래머들.

[ ]

꿀팁! **was/were의 2가지 뜻**

1. ~였다: 직업이나 가족 관계 등을 나타내거나 감정이나 상태를 나타내요.
He <u>was</u> a gamer.
그는 게이머였다.
They <u>were</u> happy.
그들은 행복했다.

2. 있었다: 어떤 위치나 장소에 있었던 상황을 나타내요.
We <u>were</u> in the library.
우리는 도서관에 있었다.
It <u>was</u> on the table.
그것은 탁자 위에 있었다.

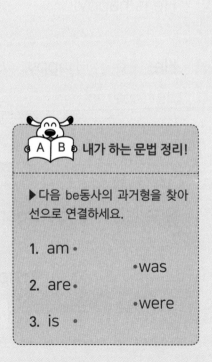

A B **내가 하는 문법 정리!**

▶다음 be동사의 과거형을 찾아 선으로 연결하세요.

1. am •

• was

2. are •

• were

3. is •

① 그들은 행복했다.   [   ] were happy.

② 리암과 잭은 행복했다.   Liam and Jack [   ] happy.

③ 리암은 행복했다.   Liam was [   ].

④ 리암은 슬펐다.   [   ] [   ] sad.

⑤ 그는 슬펐다.   He was [   ].

⑥ 그는 도서관에 있었다.   [   ]

⑦ 우리는 도서관에 있었다.   [   ] were in the library.

⑧ 미아와 나는 도서관에 있었다.   Mia and I [   ] in the library.

⑨ 미아와 나는 그 방에 있었다.   [   ]

⑩ 미아는 그 방에 있었다.   Mia [   ] in the room.

⑪ 미아는 그녀의 침실에 있었다.   [   ] was [   ] her bedroom.

⑫ 나는 그녀의 침실에 있었다.   [   ]

확인문제

▶ 괄호 안에서 알맞은 말을 고르세요.

1. (They / I) was hungry.   2. He (were / was) angry.

3. She (was / were) in the park.   4. You (was / were) programmers.

09 그는 피곤하지 않았다.
He was not tired.

09.mp3

☆ '~지 않았다', '아니었다'라고 할 때는 was, were 뒤에 not을 써요

지난주

They were not in the library.

그들은 도서관에 있지 않았다.

He was not tired.

그는 피곤하지 않았다.

☆ was not은 wasn't, were not은 weren't로 줄여서 많이 써요

'~지 않았다', '아니었다'		'~지 않았다', '아니었다'의 줄임말
I/He/She/It was not ~	→	I/He/She/It wasn't ~
We/You/They were not ~		We/You/They weren't ~

따라 쓰세요!

새로운 단어   tired 피곤한 | worried 걱정하는 | excited 신이 난

❶

나는 / ~였다 / 치과 의사.

I was a dentist.

I was ⬜ a dentist.

나는 / ~아니었다 / 치과 의사.

❷

우리는 / ~였다 / 걱정하는.

We were worried.

We were ⬜ worried.

우리는 / ~지 않았다 / 걱정하는.

❸

당신은 / ~였다 / 피곤한.

You were tired.

You ⬜ ⬜ tired.

당신은 / ~지 않았다 / 피곤한.

❹

그들은 / ~였다 / 신이 난.

They were excited.

They ⬜ ⬜ excited.

그들은 / ~지 않았다 / 신이 난.

❺

그녀는 / 있었다 / 박물관에.

She was in the museum.

She ⬜ ⬜ in the museum. 그녀는 / 있지 않았다 / 박물관에.

❻

그들은 / 있었다 / 공원에.

They were in the park.

They ⬜ ⬜ in the park. 그들은 / 있지 않았다 / 공원에.

❼

그는 / 있었다 / 그의 방에.

He was in his room.

He ⬜ ⬜ in his room.

그는 / 있지 않았다 / 그의 방에.

❽

그것은 / 있었다 / 상자 옆에.

It was next to the box.

It ⬜ ⬜ next to the box. 그것은 / 있지 않았다 / 상자 옆에.

① 나는 / ~아니었다 / 프로그래머.

I was ☐ a programmer.

② 그는 / ~아니었다 / 프로그래머.

He ☐ not a ☐ .

③ 그들은 / ~아니었다 / 프로그래머들.

☐ were not programmers.

④ 그들은 / ~아니었다 / 파워 블로거들.

They ☐ ☐ power bloggers.

⑤ 그녀는 / ~아니었다 / 파워 블로거.

She ☐ ☐ a power blogger.

⑥ 그녀는 / ~아니었다 / 치과 의사.

☐ was not a dentist.

⑦ 당신은 / ~아니었다 / 치과 의사.

☐

⑧ 당신은 / 있지 않았다 / 공원에.

You were ☐ in the park.

⑨ 나는 / 있지 않았다 / 공원에.

I ☐ ☐ in the park.

⑩ 우리는 / 있지 않았다 / 공원에.

☐

사람을 의미하는 -er

programmer나 power blogger처럼 영어 단어 끝에 -er이 붙으면 사람을 뜻하는 경우가 많아요.
dancer 춤추는 사람
player 운동 선수
swimmer 수영 선수

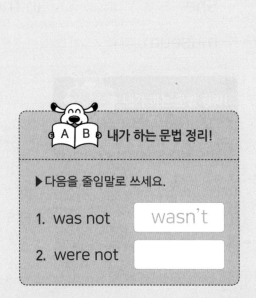

내가 하는 문법 정리!

▶다음을 줄임말로 쓰세요.

1. was not   wasn't

2. were not ☐

 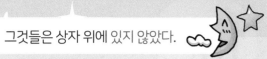

출발!

① 그는 피곤하지 않았다. He ☐ ☐ tired.

② 우리는 피곤하지 않았다. We were not ☐ .

③ 우리는 신이 나지 않았다. ☐ ☐ ☐ excited.

④ 너희들은 신이 나지 않았다. ☐

⑤ 나는 신이 나지 않았다. I was ☐ ☐ .

⑥ 나는 걱정하지 않았다. ☐ ☐ not worried.

⑦ 그녀는 걱정하지 않았다. She was ☐ ☐ .

⑧ 그녀는 그녀의 방에 있지 않았다. ☐ was not ☐ her room.

⑨ 그것은 그 방에 있지 않았다. It ☐ ☐ in the room.

⑩ 그것은 상자 안에 있지 않았다. ☐

⑪ 그것들은 상자 안에 있지 않았다. They ☐ ☐ in the box.

⑫ 그것들은 상자 위에 있지 않았다. ☐

도착!

확인 문제

▶ 우리말과 일치하도록 빈칸에 알맞은 말을 쓰세요.

1. 나는 유튜버가 아니었다. → I ☐ a YouTuber.

2. 그들은 공원에 있지 않았다. → They ☐ in the park.

10 그녀는 유튜버였니?
Was she a YouTuber?

10.mp3

☆ '~있었니?', '~였니?'라고 물어볼 때는 was, were를 주어 앞으로!

Was she a YouTuber?

그녀는 유튜버였니?

Were you in her room?

너는 그녀의 방에 있었니?

☆ '그랬어.'는 Yes, '안 그랬어.'는 No로 대답해요

따라 쓰세요!

Were you a YouTuber?

▶ Yes, I was.

▶ No, I wasn't.

Was he a YouTuber?

▶ Yes, he was.

▶ No, he wasn't.

새로운 단어 girl 소녀 | sleepy 졸린 | student 학생 | classroom 교실 | boy 소년 | pet 애완동물

❶

너는 / ~였다 / 유튜버.

You were a YouTuber.

Were [　　] a YouTuber?

~였니 / 너는 / 유튜버?

❷

응, / 나는 그랬어.

[　　], I was.

No, I wasn't.
→ wasn't는 was not의 줄임말.

아니, / 나는 아니었어.

❸

그녀는 / 있었다 / 그녀의 침실에.

She was in her bedroom.

[　　] [　　] in her bedroom?

있었니 / 그녀는 / 그녀의 침실에?

❹

응, / 그녀는 있었어.

Yes, [　　] was.

[　　], she [　　].

아니, / 그녀는 안 있었어.

❺

그들은 / ~였다 / 훌륭한 소녀들.

They were good girls.

[　　] [　　] good girls?

~였니 / 그들은 / 훌륭한 소녀들?

❻

응, / 그들은 그랬어.

Yes, they [　　].

[　　], [　　] weren't.
↘ weren't는 were not의 줄임말.

아니, / 그들은 아니었어.

❼

그 판다는 / ~였다 / 졸린.

The panda was sleepy.

[　　] [　　] [　　] sleepy?

~였니 / 그 판다는 / 졸린?

❽

응, / 그것은 그랬어.

[　　], it [　　].

No, [　　] wasn't.

아니, / 그것은 안 그랬어.

1 ~였니 / 너는 / 경찰?

[ ] you a police officer?

응, / 나는 그랬어.

Yes, I [ ] .

2 ~였니 / 그들은 / 경찰들?

Were [ ] police officers?

아니, / 그들은 아니었어.

[ ] , they weren't.

3 있었니 / 그들은 / 도서관에?

[ ] they in the library?

응, / 그들은 있었어.

[ ] , they [ ] .

4 있었니 / 그 학생은 / 도서관에?

[ ] the student in the [ ] ?

아니, / 그는(그녀는) 안 있었어.

[ ] , he(she) wasn't.

↳ 남학생이면 he,
여학생이면 she로
받아 답해요.

5 있었니 / 그 학생은 / 교실에?

Was [ ] [ ] in the classroom?

응, / 그는(그녀는) 있었어.

Yes, he(she) [ ] .

6 있었니 / 그 소년은 / 교실에?

[ ] the boy [ ] the classroom?

아니, / 그는 안 있었어.

No, he [ ] .

7 있었니 / 그 소년들은 / 교실에?

Were the boys in the [ ] ?

응, / 그들은 있었어.

Yes, [ ] were.

8 ~였니 / 그 소년들은 / 화가 난?

[ ] the boys angry?

아니, / 그들은 안 그랬어.

No, they [ ] .

9 ~였니 / 그 판다들은 / 화가 난?

Were the pandas [ ] ?

응, / 그것들은 그랬어.

Yes, they [ ] .

10 ~였니 / 그 판다들은 / 신이 난?

[ ]

아니, / 그것들은 안 그랬어.

[ ] , they weren't.

① 그 원숭이들은 졸렸니? [ ] the monkeys sleepy?

② 그 원숭이는 졸렸니? Was the monkey [ ] ?

③ 그 개는 졸렸니? [ ]

④ 그 개가 네 애완동물이었니? [ ] the dog your pet?

⑤ 그것이 네 애완동물이었니? Was it [ ] [ ] ?

⑥ 그것은 좋은 애완동물이었니? [ ] [ ] a good pet?

⑦ 그녀는 좋은 학생이었니? [ ] she a [ ] student?

⑧ 리암과 미아는 좋은 학생들이었니? [ ] Liam and Mia [ ] students?

⑨ 리암과 미아는 공원에 있었니? Were [ ] [ ] [ ] in the park?

⑩ 그들은 공원에 있었니? Were they [ ] [ ] [ ] ?

⑪ 그들은 박물관에 있었니? [ ] [ ] in the museum?

⑫ 너는 박물관에 있었니? [ ]

확인문제

▶ 다음 대화의 빈칸에 알맞은 말을 쓰세요.

1. A: [ ] you tired?   B: [ ] , we were.

2. A: Was [ ] a good boy?   B: No, he [ ] .

51

11 그는 바이올린을 연주했다.

He played the violin.

11.mp3

☆ 이전에 한 일을 말할 때는 동사에 -ed를 붙여요.

지난밤

→ play+-ed: 연주했다

He play<u>ed</u> the violin.

그는 바이올린을 연주했다.

They listen<u>ed</u> to music.

→ listen+-ed: 들었다

그들은 음악을 들었다.

☆ 동사의 형태에 따라 -ed를 붙이는 방법이 달라요

-e로 끝나는 동사	-d만 붙여요	like — like**d** close — close**d**
<자음+-y>로 끝나는 동사	y를 i로 바꾸고 -ed를 붙여요	cry — cr**ied** study — stud**ied**

새로운 단어 basketball 농구 | art 미술 | store 가게 | yesterday 어제 | history 역사

너는 미술을 공부했다.

1

나는 / 연주한다 / 바이올린을.

I play the violin.

I played the violin.

나는 / 연주했다 / 바이올린을.

2

우리는 / 한다 / 농구를.

We play basketball.

We ⬚ basketball.

우리는 / 했다 / 농구를.

→ play는 -y로 끝나지만 y 앞에 자음이 아닌 모음 a가 있기 때문에 그냥 뒤에 -ed만 붙여요. 모음은 a, e, i, o, u!

3

너는 / 공부한다 / 미술을.

You study art.

You ⬚ art.

너는 / 공부했다 / 미술을.

4

그 아기들은 / 운다.

The babies cry.

The babies ⬚.

그 아기들은 / 울었다.

5

그는 / 좋아한다 / 음악을.

He likes music.

He ⬚ music.

그는 / 좋아했다 / 음악을.

6

그들은 / 듣는다 / 음악을.

They listen to music.

They ⬚ to music.

그들은 / 들었다 / 음악을.

7

그들은 / 연다 / 가게를.

They open the store.

They ⬚ the store.

그들은 / 열었다 / 가게를.

8

그녀는 / 닫는다 / 그녀의 가게를.

She closes her store.

She ⬚ her store.

그녀는 / 닫았다 / 그녀의 가게를.

1 우리는 / 열었다 / 그 가게를.

We ☐ the store.

> **yesterday**
> '어제'라는 뜻의 yesterday는 이미 지난 시간이니까 항상 과거를 나타내는 -ed형 동사와 함께 써요.

2 우리는 / 열었다 / 그 가게를 / 어제.

☐ opened the ☐ yesterday.

3 그는 / 열었다 / 그 가게를 / 어제.

☐ ☐ the store ☐ .

4 그는 / 닫았다 / 그 가게를 / 어제.

He closed ☐ ☐ yesterday.

5 그들은 / 닫았다 / 그 가게를 / 어제.

☐ ☐ the store ☐ .

6 그들은 / 공부했다 / 역사를 / 어제.

☐ studied history yesterday.

7 그들은 / 공부했다 / 미술을.

They ☐ art.

8 나는 / 공부했다 / 미술을.

☐

9 나는 / 울었다.

☐ cried.

10 그 아기들은 / 울었다.

The babies ☐ .

A B 내가 하는 문법 정리!

▶ 다음 동사의 -ed형을 쓰세요.

1. like   liked
2. study   ☐
3. listen ☐
4. cry   ☐
5. close   ☐

 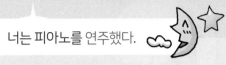
① 잭은 농구를 했다.　　Jack [＿＿＿] basketball.

② 잭과 그의 친구들은 농구를 했다.　Jack and his friends played [＿＿＿].

③ 잭과 그의 친구들은 축구를 했다.　Jack and his friends [＿＿＿] soccer.

④ 그녀는 축구를 했다.　　[＿＿＿＿＿＿＿＿]

⑤ 그녀는 바이올린을 연주했다.　She [＿＿＿] the violin.

⑥ 애바의 언니는 바이올린을 연주했다.　Ava's sister played [＿＿＿] [＿＿＿].

⑦ 애바의 언니는 음악을 연주했다.　[＿＿＿] [＿＿＿] played music.

⑧ 애바는 음악을 연주했다.　　[＿＿＿＿＿＿＿＿]

⑨ 애바는 음악을 들었다.　　Ava [＿＿＿] to music.

⑩ 너는 음악을 들었다.　[＿＿＿] listened [＿＿＿] [＿＿＿].

⑪ 애바의 오빠는 피아노를 연주했다.　Ava's brother [＿＿＿] the piano.

⑫ 너는 피아노를 연주했다.　[＿＿＿＿＿＿＿＿]

확인문제

▶ 괄호 안에서 알맞은 말을 고르세요.

1. The babies (cried / cries).
2. You (studied / studyed) history.
3. We (plaied / played) basketball.
4. He (closeed / closed) the store.

12 나는 아침을 먹었다.
I ate breakfast.

12.mp3

☆ 과거에 한 일을 말할 때 제멋대로 변하는 동사도 있어요

오늘 아침에도 아침을 먹었어.

나는 (평소에) 아침을 먹는다.

I eat breakfast.

↓

I ate breakfast.

나는 아침을 먹었다.

eat의 과거 동사는 'eated'가 아니라
완전히 다른 모양인 'ate'이에요.

☆ 규칙 없이 제멋대로 변하는 동사는 외워야 해요

따라 쓰세요!

eat 먹다	buy 사다	do 하다	go 가다
ate 먹었다	bought 샀다	did 했다	went 갔다
ate	bought	did	went

have 갖고 있다, 먹다	make 만들다	swim 수영하다	take (교통편을) 타다
had 가졌다, 먹었다	made 만들었다	swam 수영했다	took (교통편을) 탔다
had	made	swam	took

규칙 없이 제멋대로 변하는 동사를 '불규칙 동사'라고 해요.
불규칙 동사는 나올 때마다 외우는 수밖에 없어요~

①

나는 / 먹는다 / 아침을.

I eat breakfast.

I ⬚ breakfast.

나는 / 먹었다 / 아침을.

②

우리는 / 산다 / 책들을.

We buy books.

We ⬚ books.

우리는 / 샀다 / 책들을.

③

너는 / 한다 / 네 숙제를.

You do your homework.

You ⬚ your homework.

너는 / 했다 / 네 숙제를.

④

잭과 미아는 / 수영하러 간다.

Jack and Mia go swimming.

Jack and Mia ⬚ swimming.

잭과 미아는 / 수영하러 갔다.

⑤

그는 / 먹는다 / 저녁을 / 7시에.

He has dinner at 7:00.

↳ have에는 '먹다'라는 뜻도 있어요.

He ⬚ dinner at 7:00.

그는 / 먹었다 / 저녁을 / 7시에.

⑥

그들은 / 만든다 / 케이크를.

They make a cake.

They ⬚ a cake.

그들은 / 만들었다 / 케이크를.

⑦

그녀는 / 수영한다 / 수영장에서.

She swims in the pool.

She ⬚ in the pool.

그녀는 / 수영했다 / 수영장에서.

⑧

리암은 / 탄다 / 지하철을.

Liam takes a subway.

Liam ⬚ a subway.

리암은 / 탔다 / 지하철을.

1 나는 / 산책했다.

I [ ] a walk.

 take
산책을 하거나, 낮잠을 잘 때도 동사 take를 써요.
take a walk 산책하다
take a nap 낮잠 자다

2 우리는 / 산책했다.

We took [ ] [ ].

3 우리는 / 탔다 / 지하철을.

[ ] took a subway.

4 그는 / 탔다 / 지하철을.

[   ]

5 그는 / 수영했다.

[ ] swam.

6 그는 / 수영했다 / 어제.

He [ ] yesterday.

7 그는 / 수영하러 갔다 / 어제.

He went [ ] yesterday.

8 그녀는 / 수영하러 갔다 / 어제.

[ ] [ ] swimming yesterday.

9 그녀는 / 샀다 / 케이크를 / 어제.

She bought a cake [ ].

10 그들은 / 샀다 / 케이크를 / 어제.

[   ]

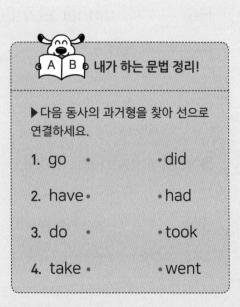 내가 하는 문법 정리!

▶다음 동사의 과거형을 찾아 선으로 연결하세요.

1. go •   • did

2. have •   • had

3. do •   • took

4. take •   • went

58

❶ 미아는 7시 30분에 아침을 먹었다. Mia ate breakfast [   ] 7:30.

❷ 너는 7시 30분에 아침을 먹었다. You [   ] breakfast at 7:30.

❸ 너는 아침을 먹었다. [   ]

❹ 너는 네 숙제를 했다. You did [   ] [   ] .

❺ 나는 내 숙제를 했다. [   ] [   ] my homework.

❻ 나는 케이크를 만들었다. I made [   ] [   ] .

❼ 나는 12시에 케이크를 만들었다. I [   ] a cake at 12:00.

❽ 나는 12시에 점심을 먹었다. I had [   ] at 12:00.

> have(had) = eat(ate): 먹다(먹었다)
> 두 단어 모두 '먹다'라는 의미로,
> 서로 바꿔 쓸 수 있어요.

❾ 그들은 12시에 점심을 먹었다. [   ]

❿ 그들은 12시에 낮잠을 잤다. [   ] took a nap at 12:00.

⓫ 그들은 낮잠을 잤다 They [   ] [   ] [   ] .

⓬ 그들은 산책했다. [   ]

확인문제

▶우리말과 일치하도록 괄호 안의 단어를 알맞은 형태로 바꿔 쓰세요.

1. 그녀는 가방을 샀다. → She [   ] a bag. (buy)

2. 우리는 저녁을 먹었다. → We [   ] dinner. (eat)

13 나는 낚시하러 가지 않았다.

I didn't go fishing.

13.mp3

☆ '~하지 않았다'고 할 때는 did not(didn't)를 동사원형 앞에 써요

어제

They went fishing. 그들은 낚시하러 갔다.

I [didn't] go fishing. 나는 낚시하러 가지 않았다.

→ 과거의 부정문에서는 did not보다
줄임말인 didn't를 많이 사용해요.
주어에 상관없이 didn't를 쓰면 돼요~

didn't(did not) 다음에 went 같은
과거형 단어를 쓰면 안 되니까 주의하세요!
I didn't ~~went~~ fishing. (틀린 문장)
→ go

새로운 단어 | place 장소 | taxi 택시 | grandma 할머니 | grandpa 할아버지

did not은 줄임말 didn't로 써 보세요.

❶

그는 / 공부했다 / 역사를.

He studied history.

He ⬜ study history.

그는 / 공부하지 않았다 / 역사를.

❷

나는 / 낚시하러 갔다.

I went fishing.

I ⬜ go fishing.

나는 / 낚시하러 가지 않았다.

❸

너는 / 컬링하러 갔다.

You went curling.

You ⬜ go curling.

너는 / 컬링하러 가지 않았다.

❹

우리는 / 먹었다 / 아침을.

We ate breakfast.

We ⬜ ⬜ breakfast.

우리는 / 먹지 않았다 / 아침을.

❺

그녀는 / 들었다 / 음악을.

She listened to music.

She ⬜ ⬜ to music.

그녀는 / 듣지 않았다 / 음악을.

❻

그들은 / 만났다 / 공원에서.

They met at the park.

They ⬜ meet at the park.

그들은 / 만나지 않았다 / 공원에서.

❼

잭은 / 방문했다 / 그 장소를.

Jack visited the place.

Jack ⬜ visit the place.

잭은 / 방문하지 않았다 / 그 장소를.

❽

미아는 / 탔다 / 택시를.

Mia took a taxi.

Mia ⬜ ⬜ a taxi.

미아는 / 타지 않았다 / 택시를.

did not은 줄임말 didn't로 써 보세요.

① 나는 / 컬링하러 가지 않았다.

I ⬜ go curling.

did not = didn't

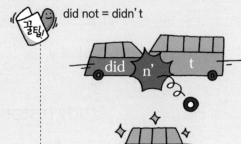

② 나의 누나는 / 컬링하러 가지 않았다.

My sister didn't ⬜ ⬜ .

③ 나의 누나는 / 치지 않았다 / 기타를.

⬜ ⬜ didn't play the guitar.

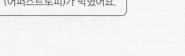
쉽게 외워요!
not에서 o가 튀어나간 대신
'(어퍼스트로피)가 박혔어요.

④ 그는 / 치지 않았다 / 기타를.

He ⬜ ⬜ ⬜ ⬜ .

⑤ 그는 / 방문하지 않았다 / 그의 할머니.

⬜ didn't visit his grandma.

 가족을 나타내는 단어
파란색 단어는 주로 부를 때 쓰는 표현
으로 아이들이 많이 사용해요.
grandmother = grandma 할머니
grandfather = grandpa 할아버지
mother = mommy = mom 엄마
father = daddy = dad 아빠

⑥ 리암은 / 방문하지 않았다 / 그의 할머니를.

Liam ⬜ visit ⬜ ⬜ .

⑦ 리암은 / 방문하지 않았다 / 그 장소를.

Liam ⬜ ⬜ the place.

⑧ 우리는 / 방문하지 않았다 / 그 장소를.

⬜

⑨ 우리는 / 낚시하러 가지 않았다.

We ⬜ go fishing.

⑩ 나는 / 낚시하러 가지 않았다.

⬜

영작이 되면
이 영문법은 OK!

did not은 줄임말 didn't로 써 보세요.

출발!

❶ 그는 그녀를 공원에서 만나지 않았다. He ☐ meet her at the park.

→ at은 '장소' 앞에 쓰면 '~에, ~에서'라는 뜻이에요.

❷ 우리는 그녀를 공원에서 만나지 않았다. We didn't ☐ ☐ at the park.

❸ 우리는 택시를 타지 않았다. ☐ didn't take a taxi.

❹ 나의 할아버지는 택시를 타지 않았다. My grandpa ☐ ☐ ☐ ☐ .

❺ 나의 할아버지는 지하철을 타지 않았다. ☐ ☐ didn't take a subway.

❻ 그들은 지하철을 타지 않았다. ☐

❼ 그들은 점심을 먹지 않았다. They didn't eat ☐ .

❽ 그는 점심을 먹지 않았다. He ☐ ☐ lunch.

❾ 그는 음악을 듣지 않았다. ☐ didn't listen ☐ music.

❿ 너는 음악을 듣지 않았다. ☐

⓫ 너는 역사를 공부하지 않았다. You ☐ study history.

⓬ 그녀는 역사를 공부하지 않았다. ☐

도착!

확인문제

▶ 괄호 안에서 알맞은 말을 고르세요.

1. I (didn't / wasn't) study math.   2. We (weren't / didn't) have dinner.

3. Liam didn't (go / went) swimming.   4. He (don't / didn't) visit me yesterday.

14 너는 그를 만났니?
Did you meet him?

14.mp3

☆ '~했니?'라고 지난 일을 물어볼 때는 주어 앞에 Did를 써요

You met him.
너는 그를 만났다.

Did you meet him?
너는 그를 만났니?

→ 동사원형을 써요.

→ Did만 주어 앞에 넣으면 물어볼 수 있어요.

You had dinner with him.
너는 그와 함께 저녁을 먹었다.

Did you have dinner with him?
너는 그와 함께 저녁을 먹었니?

☆ '했어.'는 〈Yes, 주어+did.〉, '안 했어.'는 〈No, 주어+didn't.〉로 대답해요

따라 쓰세요!

Did you meet him?	Did she meet him?
▶ Yes, I did.	▶ Yes, she did.
▶ No, I didn't.	▶ No, she didn't.

새로운 단어 with ~와 함께 | last Sunday 지난주 일요일 | last week 지난주
do one's homework 숙제하다

①

너는 / 갔다 / 그와 함께.

You went with him.

_____ you go with him?

~했니 / 너는 / 가다 / 그와 함께?

②

응, / 나는 했어.

Yes, I did.

_____ , I didn't.

아니, / 나는 안 했어.

③

그는 / 먹었다 / 저녁을 / 그녀와 함께.

He had dinner with her.

_____ he have dinner with her?

~했니 / 그는 / 먹다 / 저녁을 / 그녀와 함께?

④

응, / 그는 했어.

Yes, he _____ .

No, _____ didn't.

아니, / 그는 안 했어.

⑤

그녀는 / 만났다 / 그들을.

She met them.

_____ she meet them?

~했니 / 그녀는 / 만나다 / 그들을?

⑥

응, / 그녀는 했어.

_____ , she did.

No, she _____ .

아니, / 그녀는 안 했어.

⑦

그 소년들은 / 방문했다 / 그 장소를.

The boys visited the place.

_____ the boys visit the place?

~했니 / 그 소년들은 / 방문하다 / 그 장소를?

⑧

응, / 그들은 했어.

_____ , they did.

No, they _____ .

아니, / 그들은 안 했어.

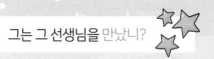

1 ~했니 / 그는 / 만나다 / 그 선생님을?

[　　] [　　] meet the teacher?

응, / 그는 했어.

Yes, he [　　].

2 ~했니 / 그는 / 만나다 / 너를?

Did he [　　] you?

아니, / 그는 안 했어.

[　　] , he didn't.

3 ~했니 / 그들은 / 방문하다 / 너를?

Did they visit [　　] ?

응, / 그들은 했어.

[　　] , they did.

4 ~했니 / 그들은 / 방문하다 / 그녀를?

[　　] they [　　] her?

아니, / 그들은 안 했어.

No, they [　　] .

5 ~했니 / 그들은 / 가다 / 그녀와 함께?

Did [　　] go with [　　] ?

응, / 그들은 했어.

Yes, they [　　] .

6 ~했니 / 너는 / 가다 / 그녀와 함께?

[　　] [　　] [　　] with her?

아니, / 나는 안 했어.

[　　] , I didn't.

7 ~했니 / 너는 / 쇼핑하러 가다 / 그녀와 함께?

[　　] you go shopping [　　] [　　] ?

응, / 나는 했어.

[　　] , I did.

8 ~했니 / 너는 / 쇼핑하러 가다?

Did you [　　] [　　] ?

아니, / 나는 안 했어.

No, I [　　] .

9 ~했니 / 너는 / 즐기다 / 쇼핑을?

[　　] [　　] enjoy shopping?

응, / 나는 했어.

Yes, I [　　] .

10 ~했니 / 그녀는 / 즐기다 / 쇼핑을?

[　　]

아니, / 그녀는 안 했어.

No, she [　　] .

 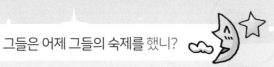
❶ 너는 지난주 일요일에 수영하러 갔니?

[ ] [ ] go swimming last Sunday?

❷ 너는 지난주 월요일에 수영하러 갔니?

Did you [ ] [ ] last Monday?

❸ 너는 지난주 월요일에 낚시하러 갔니?

Did you go fishing [ ] [ ] ?

❹ 너는 지난주 월요일에 그들과 함께 낚시하러 갔니?

[ ] you go [ ] with them last Monday?

❺ 너는 지난주에 그들과 함께 점심을 먹었니?

Did you have lunch [ ] [ ] last week?

❻ 그는 지난주에 그들과 함께 점심을 먹었니?

[ ]

❼ 그는 지난주에 많이 울었니?

[ ] he cry a lot [ ] [ ] ?

❽ 그는 많이 울었니?

[ ]

❾ 그는 그의 숙제를 했니?

[ ] he [ ] his homework?

❿ 그들은 그들의 숙제를 했니?

Did they do their [ ] ?

⓫ 그들은 어제 그들의 숙제를 했니?

[ ]

시험에는 이렇게 나온다

1. 다음 동사의 과거형을 쓰세요.

1) are ➡ _____

2) study ➡ _____

3) go ➡ _____

4) eat ➡ _____

5) have ➡ _____

6) close ➡ _____

[2~4] 괄호 안의 동사를 과거형으로 바꿔 쓰세요.

2. We _____ yesterday. (swim)

3. I _____ him last Sunday. (meet)

4. He _____ a book last week. (buy)

[5~6] 다음 질문에 대한 대답을 완성하세요.

어제 무엇을 했나요?

어제 낮

5.

She _____ a nap yesterday.

어젯밤

6.

He _____ his homework yesterday.

[7~9] 빈칸에 알맞은 말을 고르세요.

7.

> _____ you tired yesterday?

① Are   ② Was   ③ Were

8.

> _____ they take a taxi?

① Are   ② Did   ③ Were

9.

> Did she _____ him?

① meet   ② meets   ③ met

[10~12] 밑줄 친 부분을 바르게 고쳐 쓰세요.

10. We <u>wasn't</u> sleepy.   ⇒ _____

11. Mom didn't <u>made</u> a pizza.   ⇒ _____

12. <u>Does he went</u> fishing last week?   ⇒ _____

[13~14] 우리말과 일치하도록 빈칸에 알맞은 말을 쓰세요.

13. 너는 어제 박물관에 있었니? ➡ _____ you in the museum yesterday?

14. 그들은 산책하지 않았다. ➡ They _____ take a walk.

[15~17] 빈칸에 알맞지 <u>않은</u> 말을 고르세요.

15.

> _____ was worried.

① I ② He ③ You

16.

> She didn't _____ a cake.

① have ② eat ③ bought

17.

> We played baseball _____ .

① tomorrow ② yesterday ③ last week

[18~19] 괄호 안에서 알맞은 말을 고르세요

18. Mia (didn't / wasn't) happy.

19. Liam (didn't / doesn't) go to the park last Sunday.

[20~21] 다음 문장을 물어보는 문장으로 바꿔 쓰세요.

20. He was a dentist. ➡ _____

21. You cried a lot. ➡ _____

[22~23] 우리말과 일치하도록 괄호 안의 단어를 바르게 배열하세요.

22.
> 너는 잭과 점심을 먹었니?   (lunch / you / Did / with Jack / have)

➡ _____

23.
> 그것은 상자 위에 있지 않았다.   (was / It / on the box / not)

➡ _____

[24~25] 그림을 보고 질문에 알맞은 대답을 쓰세요.

24.
A: Did they go swimming?

B: No, they _____ .

25.
A: Were you angry?

B: _____ , I _____ .

16 나는 런던에 갈 것이다.
I will go to London.

16.mp3

⭐ 앞으로 '~할 것이다'라고 할 때는 will을 동사 앞에 써요

I will go to London. 나는 런던에 갈 것이다.

→ 주어에 상관없이 모두 will.

She will go to London. 그녀는 런던에 갈 것이다.

He will go to London. 그는 런던에 갈 것이다.

We will go to London. 우리는 런던에 갈 것이다.

주어가 누구든 상관없이
will 뒤에는 동사원형을 써요.

새로운 단어 London 런던 | New York City 뉴욕시 | Chinese 중국어 | Korean 한국어
travel 여행하다 | China 중국 | live 살다 | Korea 한국 | car 차 | build 짓다, 건설하다

72

❶

나는 / 간다 / 런던에.

I go to London.

I [   ] go to London.

나는 / 갈 것이다 / 런던에.

❷

우리는 / 방문한다 / 뉴욕시를.

We visit New York City.

We will [   ] New York City.

우리는 / 방문할 것이다 / 뉴욕시를.

❸

너는 / 배운다 / 중국어를.

You learn Chinese.

You [   ] [   ] Chinese.

너는 / 배울 것이다 / 중국어를.

❹

그는 / 공부한다 / 한국어를.

He studies Korean.

He [   ] [   ] Korean.

그는 / 공부할 것이다 / 한국어를.

❺

그녀는 / 여행한다 / 중국에서.

She travels in China.

She [   ] [   ] in China.

그녀는 / 여행할 것이다 / 중국에서.

❻

그들은 / 산다 / 한국에서.

They live in Korea.

They [   ] [   ] in Korea.

그들은 / 살 것이다 / 한국에서.

❼

스미스 씨는 / 산다 / 차를.

Mr. Smith buys a car.
　→ 남자의 성·성명 앞에 붙여요.

Mr. Smith [   ] [   ] a car.

스미스 씨는 / 살 것이다 / 차를.

❽

브라운 씨는 / 짓는다 / 집을.

Ms. Brown builds a house.
　→ 여자의 성·성명 앞에 붙여요.

Ms. Brown [   ] [   ] a house. 브라운 씨는 / 지을 것이다 / 집을.

1 그는 / 배울 것이다 / 한국어를.

He ☐ learn Korean.

2 리암은 / 배울 것이다 / 한국어를.

Liam will ☐ ☐ .

3 리암은 / 배울 것이다 / 중국어를.

☐ ☐ learn Chinese.

4 리암은 / 공부할 것이다 / 중국어를.

Liam will study ☐ .

5 나는 / 공부할 것이다 / 중국어를.

☐

6 나는 / 여행할 것이다 / 중국에서.

I ☐ travel in China.

7 미아는 / 여행할 것이다 / 중국에서.

Mia will ☐ in China.

8 미아는 / 여행할 것이다 / 한국에서.

Mia will travel ☐ ☐ .

9 미아는 / 살 것이다 / 한국에서.

Mia ☐ live in Korea.

10 우리는 / 살 것이다 / 한국에서.

☐

 장소 앞에 쓰는 at과 in

'(어떤 장소)에/에서' 의 의미를 나타낼 때 공원이나 도서관 같은 좁은 장소 앞에는 at을 쓰고, 도시나 국가처럼 범위가 넓은 곳 앞에는 in을 써요.

at the library 도서관에서
in Seoul 서울에서
in Korea 한국에서

공원이나 도서관 같은 좁은 장소 앞에 in을 쓰면 그 장소의 '안에'라는 의미를 나타내요.

in the library 도서관 안에서

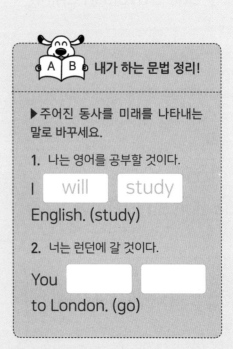 내가 하는 문법 정리!

▶주어진 동사를 미래를 나타내는 말로 바꾸세요.

1. 나는 영어를 공부할 것이다.

I [will] [study] English. (study)

2. 너는 런던에 갈 것이다.

You ☐ ☐ to London. (go)

74

 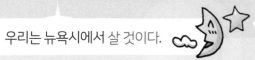

우리는 뉴욕시에서 살 것이다.

❶ 그들은 집을 지을 것이다.　They ☐ build a house.

❷ 브라운 씨는 집을 지을 것이다.　Mr. Brown will ☐ a house.

❸ 브라운 씨는 집을 살 것이다.　☐ will buy a ☐ .

❹ 브라운 씨는 차를 살 것이다.　Mr. Brown ☐ ☐ a car.

❺ 그들은 차를 살 것이다.　☐

❻ 그들은 런던을 방문할 것이다.　They ☐ visit London.

❼ 그녀는 런던을 방문할 것이다.　She will visit ☐ .

❽ 그녀는 서울을 방문할 것이다.　She ☐ ☐ Seoul.

❾ 그녀는 서울에 갈 것이다.　☐ will go to Seoul.

❿ 그녀는 뉴욕시에 갈 것이다.　She ☐ go ☐ New York City.

⓫ 우리는 뉴욕시에 갈 것이다.　☐

⓬ 우리는 뉴욕시에서 살 것이다.　☐

▶괄호 안에서 알맞은 단어를 고르세요.

1. He will (buy / buys) a car.　　2. I (am / will) go shopping.

3. They will (visit / visiting) us.　　4. She (will / wills) live in China.

확인문제

75

17

나는 베이징에 가지 않을 것이다.
I will not go to Beijing.

17.mp3

☆ '~하지 않을 것이다'라고 말할 때는 will 다음에 not을 써요

I will not go to Beijing.
나는 베이징에 가지 않을 것이다.

I will not travel in China.
나는 중국에서 여행하지 않을 것이다.

> will not 다음에 동사원형 그대로 써야 해요.
> He will not ~~goes~~ to Beijing. (틀린 문장)
> → go

☆ will not은 won't로 줄여 쓸 수 있어요

→ = will not
I won't visit Beijing.
나는 베이징을 방문하지 않을 것이다.

새로운 단어 Beijing 베이징 | Japanese 일본어 | Japan 일본 | cabin 오두막집
computer 컴퓨터 | next year 내년

1

나는 / 방문할 것이다 / 서울을.

I will visit Seoul.

I will _____ visit Seoul.

나는 / 방문하지 않을 것이다 / 서울을.

2

우리는 / 갈 것이다 / 베이징에.

We will go to Beijing.

We won't _____ to Beijing.

우리는 / 가지 않을 것이다 / 베이징에.

3

너는 / 배울 것이다 / 일본어를.

You will learn Japanese.

You _____ _____ learn Japanese.

너는 / 배우지 않을 것이다 / 일본어를.

4

그는 / 공부할 것이다 / 중국어를.

He will study Chinese.

He _____ _____ Chinese.

그는 / 공부하지 않을 것이다 / 중국어를.

5

스미스 씨는 / 살 것이다 / 일본에서.

Mr. Smith will live in Japan.

Mr. Smith _____ _____ live in Japan.

스미스 씨는 / 살지 않을 것이다 / 일본에서.

6

브라운 씨는 / 여행할 것이다 / 한국에서.

Ms. Brown will travel in Korea.

Ms. Brown _____ _____ in Korea.

브라운 씨는 / 여행하지 않을 것이다 / 한국에서.

7

그녀는 / 지을 것이다 / 오두막집을.

She will build a cabin.

She _____ _____ build a cabin.

그녀는 / 짓지 않을 것이다 / 오두막집을.

8

그들은 / 살 것이다 / 컴퓨터를.

They will buy a computer.

They _____ _____ a computer.

그들은 / 사지 않을 것이다 / 컴퓨터를.

① 나는 / 살지 않을 것이다 / 일본에서.

I ☐ ☐ live in Japan.

② 우리는 / 살지 않을 것이다 / 일본에서.

We will not ☐ in Japan.

③ 우리는 / 살지 않을 것이다 / 중국에서.

☐ ☐ ☐ ☐ in China.

④ 우리는 / 여행하지 않을 것이다 / 중국에서.

We will not travel ☐ ☐ .

⑤ 우리는 / 여행하지 않을 것이다 / 베이징에서.

We ☐ ☐ ☐ in Beijing.

⑥ 우리는 / 방문하지 않을 것이다 / 베이징을.

☐ will ☐ visit Beijing.

⑦ 스미스 씨는 / 방문하지 않을 것이다 / 베이징을.

Mr. Smith ☐ not ☐ Beijing.

⑧ 스미스 씨는 / 방문하지 않을 것이다 / 서울을.

☐ will not visit Seoul.

⑨ 스미스 씨는 / 가지 않을 것이다 / 서울에.

Mr. Smith ☐ ☐ go to Seoul.

⑩ 그는 / 가지 않을 것이다 / 서울에.

☐

A B 📖 내가 하는 문법 정리!

▶ 밑줄 친 부분과 의미가 같도록 빈칸에
알맞은 말을 쓰세요.

1. She <u>will not</u> travel in China.

= She won't travel in China.

2. We <u>won't</u> live in Japan.

= We ☐ ☐ live
in Japan.

will not은 줄임말 won't로 써 보세요.

① 그는 일본어를 배우지 않을 것이다.　He ☐ learn Japanese.

② 그들은 일본어를 배우지 않을 것이다.　They won't ☐ Japanese.

③ 그들은 일본어를 공부하지 않을 것이다.　They won't study ☐ .

④ 미아는 일본어를 공부하지 않을 것이다.　Mia ☐ ☐ Japanese.

⑤ 미아는 컴퓨터를 사지 않을 것이다.　☐ ☐ buy a computer.

⑥ 그녀는 컴퓨터를 사지 않을 것이다.　☐

⑦ 그녀는 오두막집을 사지 않을 것이다.　☐ won't buy a cabin.

⑧ 나는 오두막집을 사지 않을 것이다.　I ☐ buy a ☐ .

⑨ 나는 내년에 오두막집을 사지 않을 것이다.　I won't ☐ a cabin next year.

⑩ 나는 내년에 오두막집을 짓지 않을 것이다.　I won't build a cabin ☐ ☐ .

⑪ 우리는 내년에 오두막집을 짓지 않을 것이다.　☐

⑫ 우리는 내년에 집을 짓지 않을 것이다.　We won't ☐ a house ☐ ☐ .

확인문제

▶괄호 안의 단어를 바르게 배열하세요.

1. They ☐ ☐ ☐ China. (visit / not / will)

2. I ☐ ☐ ☐ a computer. (not / will / buy)

79

너는 한국어를 공부할 거니?
Will you study Korean?

18.mp3

☆ '~할 거니?'라고 물어볼 때는 will을 주어 앞으로!

Will you study Korean?   너는 한국어를 공부할 거니?

Will you visit Seoul?   너는 서울을 방문할 거니?

☆ '그럴 거야.'는 〈Yes, 주어+will.〉, '안 그럴 거야.'는 〈No, 주어+won't.〉로!

따라 쓰세요!

Will you study Korean?	Will they study Korean?
▶ Yes, I will.	▶ Yes, they will.
▶ No, I won't.	▶ No, they won't.

새로운 단어   leave 떠나다 | soon 곧 | next week 다음 주 | next month 다음 달
next Sunday 다음 주 일요일

❶

너는 / 공부할 것이다 / 한국어를.

You will study Korean.

Will you study Korean?

~할 거니 / 너는 / 공부하다 / 한국어를?

❷

응, / 나는 그럴 거야.

[   ], I will.

No, [   ] won't.

아니, / 나는 안 그럴 거야.

❸

그녀는 / 올 것이다 / 내일.

She will come tomorrow.

[   ] she come tomorrow?

~할 거니 / 그녀는 / 오다 / 내일?

❹

응, / 그녀는 그럴 거야.

Yes, she [   ].

[   ], she won't.

아니, / 그녀는 안 그럴 거야.

❺

그는 / 떠날 것이다 / 곧.

He will leave soon.

[   ] he [   ] soon?

~할 거니 / 그는 / 떠나다 / 곧?

❻

응, / 그는 그럴 거야.

Yes, [   ] will.

No, he [   ].

아니, / 그는 안 그럴 거야.

❼

그들은 / 낚시하러 갈 것이다.

They will go fishing.

[   ] they [   ] fishing?

~할 거니 / 그들은 / 낚시하러 가다?

❽

응, / 그들은 그럴 거야.

[   ], they will.

No, they [   ].

아니, / 그들은 안 그럴 거야.

❶ ~할 거니 / 너는 / 오다 / 여기에?

[   ] [   ] come here?

응, / 나는 그럴 거야.

[   ], I will.

❷ ~할 거니 / 너는 / 오다 / 여기에 / 내일?

Will you [   ] here tomorrow?

아니, / 나는 안 그럴 거야.

No, I [   ].

❸ ~할 거니 / 너는 / 떠나다 / 내일?

Will you leave [   ]?

응, / 나는 그럴 거야.

Yes, [   ] [   ].

❹ ~할 거니 / 그들은 / 떠나다 / 내일?

[   ] [   ] [   ] tomorrow?

아니, / 그들은 안 그럴 거야.

[   ], they won't.

❺ ~할 거니 / 그들은 / 떠나다 / 곧?

Will they leave [   ]?

응, / 그들은 그럴 거야.

Yes, [   ] [   ].

❻ ~할 거니 / 그들은 / 낚시하러 가다 / 곧?

[   ] they [   ] fishing soon?

아니, / 그들은 안 그럴 거야.

No, they [   ].

❼ ~할 거니 / 그는 / 낚시하러 가다 / 곧?

Will he [   ] [   ] soon?

응, / 그는 그럴 거야.

[   ], he [   ].

❽ ~할 거니 / 그는 / 낚시하러 가다 / 다음 주에?

[   ] [   ] go fishing next week?

아니, / 그는 안 그럴 거야.

No, [   ] won't.

❾ ~할 거니 / 그는 / 가다 / 런던에 / 다음 주에?

[   ] he go to London [   ] [   ]?

응, / 그는 그럴 거야.

Yes, he [   ].

❿ ~할 거니 / 그는 / 가다 / 런던에 / 내년에?

[   ]

아니, / 그는 안 그럴 거야.

No, he [   ].

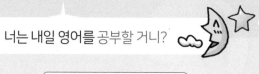

너는 내일 영어를 공부할 거니?

오른쪽 빈칸에 긍정의 대답 또는
부정의 대답을 자유롭게 써 보세요.

❶ 너는 탁구를 칠 거니?

[____] you play table tennis?　　　　No, I won't.

❷ 너는 내일 탁구를 칠 거니?

Will you [____] [____] [____] tomorrow?

❸ 너는 내일 기타를 칠 거니?

[_____]

❹ 너는 다음 주에 기타를 칠 거니?

Will [____] play the guitar [____] [____] ?

❺ 너는 다음 주에 할머니를 찾아 뵐 거니?

Will you [____] [____] [____] next week?

❻ 너는 다음 달에 할머니를 찾아 뵐 거니?

[____] [____] visit your grandma next month?

❼ 너는 다음 달에 박물관을 방문할 거니?

Will you [____] the museum [____] [____] ?

❽ 너는 다음 주 일요일에 박물관을 방문할 거니?

[____] [____] visit the museum next Sunday?

❾ 너는 다음 주 일요일에 영어를 공부할 거니?

Will you study English [____] [____] ?

❿ 너는 내일 영어를 공부할 거니?

[_____]

나는 수학을 공부할 예정이다.
I am going to study math.

19.mp3

⭐ '~할 예정이다'라고 말할 때는 be going to를 동사 앞에 써요

I **am going to** study math.

나는 수학을 공부할 예정이다.

> 주어에 따라 be동사 자리에 am, are, is를 사용해요.

She **is going to** study math.

그녀는 수학을 공부할 예정이다.

We **are going to** study math.

우리는 수학을 공부할 예정이다.

→ be going to 뒤에는 동사원형 그대로!

새로운 단어 juice 주스 | early 일찍 | water 물

①

나는 / 만난다 / 내 친구를.

I meet my friend.

I am going to meet my friend.

나는 / 만날 예정이다 / 내 친구를.

②

우리는 / 산다 / 주스를.

We buy juice.

We are ☐ ☐ buy

juice. 우리는 / 살 예정이다 / 주스를.

③

그는 / 떠난다 / 일찍.

He leaves early.

He ☐ ☐ ☐

leave early. 그는 / 떠날 예정이다 / 일찍.

④

너는 / 여행한다 / 중국에서.

You travel in China.

You ☐ ☐ ☐

travel in China. 너는 / 여행할 예정이다 / 중국에서.

⑤

그녀는 / 공부한다 / 수학을.

She studies math.

She ☐ ☐ ☐

study math. 그녀는 / 공부할 예정이다 / 수학을.

⑥

그들은 / 방문한다 / 그를.

They visit him.

They are ☐ ☐

☐ him. 그들은 / 방문할 예정이다 / 그를.

⑦

엄마는 / 친다 / 탁구를.

Mom plays table tennis.

Mom is ☐ to ☐ table

tennis. 엄마는 / 칠 예정이다 / 탁구를.

⑧

아빠는 / 탄다 / 택시를.

Dad takes a taxi.

Dad ☐ ☐ ☐

☐ a taxi. 아빠는 / 탈 예정이다 / 택시를.

2단계 쓰다 보면 문법이 보여!

우리는 탁구를 칠 예정이다.

❶ 우리는 / 할 예정이다 / 축구를.

We ☐ ☐ ☐ play soccer.

❷ 우리는 / 칠 예정이다 / 탁구를.

We are going to ☐ table tennis.

❸ 그들은 / 칠 예정이다 / 탁구를.

They are ☐ ☐ ☐ table tennis.

❹ 그들은 / 할 예정이다 / 농구를.

☐ ☐ ☐ ☐ play basketball.

❺ 그는 / 할 예정이다 / 농구를.

He ☐ ☐ ☐ play ☐ .

❻ 그는 / 살 예정이다 / 물을.

☐ is going to buy water.

❼ 그는 / 살 예정이다 / 물을 / 내일.

He ☐ ☐ ☐ ☐ ☐ tomorrow.

❽ 나는 / 살 예정이다 / 물을 / 내일.

☐

❾ 나는 / 살 예정이다 / 주스를 / 내일.

I am ☐ ☐ buy juice tomorrow.

❿ 그녀는 / 살 예정이다 / 주스를 / 다음 주에.

☐

will과 be going to의 차이

앞에서 배운 will과 be going to는 모두 앞으로 일어날 일에 대해 말할 때 써요.

이 둘은 비슷해 보이지만 쓰임새가 약간 달라요.
보통 will은 '의지'를 나타내고 be going to는 '계획'을 나타낸다고 하죠?

예를 들어 오늘 공부하려고 이미 마음먹은 걸 부모님께 말할 때는 이렇게 표현해요.
I am going to study English.
(저 영어 공부할 예정이에요.) - 계획

만약 공부 안 한다고 아빠한테 혼났을 때라면 이렇게 표현해요.
I will study English.
(저 영어 공부 할게요.) - 의지

86

출발!

❶ 아빠는 버스를 탈 예정이다. Dad is ☐ ☐ take a bus.

❷ 아빠는 지하철을 탈 예정이다. ☐ ☐ going to ☐ a subway.

❸ 나는 지하철을 탈 예정이다. I am ☐ ☐ take ☐ ☐ .

❹ 나는 그들을 방문할 예정이다. ☐ ☐ going to visit them.

❺ 그는 그들을 방문할 예정이다. ☐

❻ 그는 그들을 만날 예정이다. He is ☐ ☐ meet them.

❼ 우리는 그들을 만날 예정이다. ☐ are going to ☐ ☐ .

❽ 우리는 일찍 떠날 예정이다. We ☐ ☐ ☐ leave early.

❾ 너희들은 일찍 떠날 예정이다. ☐

❿ 너희들은 역사를 공부할 예정이다. You are going to ☐ history.

⓫ 그들은 역사를 공부할 예정이다. They are ☐ ☐ study ☐ .

⓬ 그들은 영어를 공부할 예정이다. ☐

도착!

확인문제

▶괄호 안에서 알맞은 말을 고르세요.

1. He is going to (take / takes) a bus.

2. We are (go / going) to meet tomorrow.

87

나는 텔레비전을 보지 않을 예정이다.
I am not going to watch TV.

20.mp3

☆ '~하지 않을 예정이다'라고 말할 때는 be동사 바로 뒤에 not을 써요

I am not going to watch TV.
나는 텔레비전을 보지 않을 예정이다.

☆ <주어+be not going to>는 줄여 쓸 수 있어요

따라 쓰세요!

~하지 않을 예정이다	'~하지 않을 예정이다'의 줄임말
I am not going to ~	I'm not going to ~
We are not going to ~	We're not going to ~
You are not going to ~	You're not going to ~
He is not going to ~	He's not going to ~
She is not going to ~	She's not going to ~
They are not going to ~	They're not going to ~

<주어+be동사>는 줄임말로 써 보세요.

1

너는 / 먹을 예정이다 / 저녁을.

You're going to eat dinner.

You're ⬜ going to eat dinner. 너는 / 먹지 않을 예정이다 / 저녁을.

2

우리는 / 마실 예정이다 / 우유를.

We're going to drink milk.

⬜ ⬜ going to drink milk. 우리는 / 마시지 않을 예정이다 / 우유를.

3

그는 / 떠날 예정이다 / 다음 달에.

He's going to leave next month.

He's ⬜ ⬜ to leave next month. 그는 / 떠나지 않을 예정이다 / 다음 달에.

4

너희들은 / 여행할 예정이다 / 일본에서.

You're going to travel in Japan.

You're not ⬜ ⬜ travel in Japan. 너희들은 / 여행하지 않을 예정이다 / 일본에서.

5

그녀는 / 낚시하러 갈 예정이다.

She's going to go fishing.

⬜ ⬜ going to go fishing. 그녀는 / 낚시하러 가지 않을 예정이다.

6

그들은 / 방문할 예정이다 / 그녀를.

They're going to visit her.

⬜ not ⬜ ⬜ visit her. 그들은 / 방문하지 않을 예정이다 / 그녀를.

7

나는 / 볼 예정이다 / 텔레비전을.

I'm going to watch TV.

I'm ⬜ ⬜ ⬜ watch TV. 나는 / 보지 않을 예정이다 / 텔레비전을.

8

아빠는 / 탈 예정이다 / 버스를.

Dad's going to take a bus.

Dad's ⬜ ⬜ to take a bus. 아빠는 / 타지 않을 예정이다 / 버스를.

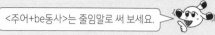

<주어+be동사>는 줄임말로 써 보세요.

1 그는 / 먹지 않을 예정이다 / 저녁을.

He's [   ] going to eat dinner.

2 그는 / 먹지 않을 예정이다 / 점심을.

[   ] not going to eat lunch.

3 나는 / 먹지 않을 예정이다 / 점심을.

I'm [   ] going to [   ] [   ] .

4 나는 / 마시지 않을 예정이다 / 우유를.

[   ] not [   ] [   ] drink milk.

5 우리는 / 마시지 않을 예정이다 / 우유를.

We're [   ] going to [   ] [   ] .

6 우리는 / 보지 않을 예정이다 / 텔레비전을.

We're [   ] [   ] [   ] watch TV.

7 그녀는 / 보지 않을 예정이다 / 텔레비전을.

[   ]

8 그녀는 / 여행하지 않을 예정이다 / 일본에서.

She's [   ] going [   ] travel in Japan.

9 그들은 / 여행하지 않을 예정이다 / 일본에서.

They're not [   ] to [   ] in Japan.

10 그들은 / 여행하지 않을 예정이다 / 한국에서.

[   ]

A B 내가 하는 문법 정리!

▶ not이 들어갈 위치에 동그라미 하세요.

1. I ① am ② going ③ to eat dinner.

2. We're ① going ② to ③ drink milk.

90

 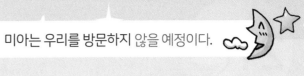

❶ 아빠는 택시를 타지 않을 예정이다.　Dad is [　　] going to [　　] a taxi.

❷ 아빠는 버스를 타지 않을 예정이다.　Dad [　　] not [　　] [　　] take a bus.

❸ 아빠는 쉬지 않을 예정이다.　Dad is [　　] [　　] [　　] take a rest.

❹ 그들은 쉬지 않을 예정이다.　[　　] [　　] [　　] going to take a rest.

❺ 그들은 낚시하러 가지 않을 예정이다.　They are [　　] [　　] [　　] go fishing.

❻ 잭은 낚시하러 가지 않을 예정이다.　[　　　　　　　]

❼ 잭은 떠나지 않을 예정이다.　Jack [　　] [　　] going to leave.

❽ 잭은 내일 떠나지 않을 예정이다.　Jack is not [　　] [　　] [　　] tomorrow.

❾ 나는 내일 떠나지 않을 예정이다.　I [　　] [　　] going to leave tomorrow.

❿ 나는 그들을 방문하지 않을 예정이다.　[　　] am not [　　] [　　] visit them.

⓫ 미아는 그들을 방문하지 않을 예정이다.　[　　　　　　　]

⓬ 미아는 우리를 방문하지 않을 예정이다.　[　　　　　　　]

▶괄호 안의 단어를 바르게 배열하세요.

1. You [　　] [　　] [　　] [　　] watch TV. (not / are / to / going)

2. She [　　] [　　] [　　] [　　] eat lunch. (to / going / not / is)

21

너는 파티를 열 예정이니?
Are you going to have a party?

21.mp3

☆ '~할 예정이니?'라고 물어볼 때는 am, are, is를 주어 앞으로!

Are you going to have a party?

너는 파티를 열 예정이니?

너는 파티를 열 예정이다.
You are going to have a party.

Are you going to have a party?
너는 파티를 열 예정이니?

☆ 대답은 간단하게!

따라 쓰세요!

Is he going to have a party?

▸ **Yes**, he is.

▸ **No**, he isn't.

"Yes, he is.",
"No, he isn't."처럼
간단하게 대답해요.

새로운 단어   have a party 파티를 열다 | learn 배우다

❶

너는 / ~할 예정이다 / 파티를 열다.

You are going to have a party.

_____ you going to have a party? ~이니 / 너는 / ~할 예정인 / 파티를 열다?

❷

응, / 나는 그럴 예정이야.

_____ , I am.

No, I'm _____ .

아니, / 나는 안 그럴 예정이야.

❸

그녀는 / ~할 예정이다 / 영어를 배우다.

She is going to learn English.

Is she _____ _____ learn English? ~이니 / 그녀는 / ~할 예정인 / 영어를 배우다?

❹

응, / 그녀는 그럴 예정이야.

Yes, she _____ .

_____ , she isn't.

아니, / 그녀는 안 그럴 예정이야.

❺

그들은 / ~할 예정이다 / 쇼핑하러 가다.

They are going to go shopping.

_____ _____ going to go shopping? ~이니 / 그들은 / ~할 예정인 / 쇼핑하러 가다?

❻

응, / 그들은 그럴 예정이야.

Yes, _____ are.

No, they _____ .

아니, / 그들은 안 그럴 예정이야.

❼

그는 / ~할 예정이다 / 그녀를 만나다.

He is going to meet her.

Is he _____ _____ meet her?

~이니 / 그는 / ~할 예정인 / 그녀를 만나다?

❽

응, / 그는 그럴 예정이야.

Yes, _____ is.

No, he _____ .

아니, / 그는 안 그럴 예정이야.

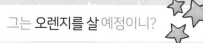
1~2번은 자신의 대답을 직접 써 보세요.

1 ~이니 / 너는 / ~할 예정인 / 영어를 배우다?

[ ] [ ] going to learn English?

[ ] , [ ] [ ] .

2 ~이니 / 너는 / ~할 예정인 / 중국어를 배우다?

Are you [ ] [ ] [ ] Chinese?

[ ] , [ ] [ ] .

3 ~이니 / 그는 / ~할 예정인 / 중국어를 배우다?

[ ] [ ] [ ] [ ] learn Chinese?

4 ~이니 / 그는 / ~할 예정인 / 오렌지들을 사다?

Is he going to [ ] oranges?

5 ~이니 / 그들은 / ~할 예정인 / 오렌지들을 사다?

[ ] [ ] going to buy [ ] ?

6 ~이니 / 그들은 / ~할 예정인 / 차를 사다?

[ ] [ ] [ ] [ ] buy a car?

7 ~이니 / 네 아빠는 / ~할 예정인 / 차를 사다 / 내년에?

[ ] your dad going to [ ] [ ] [ ] next year?

8 ~이니 / 네 아빠는 / ~할 예정인 / 집을 사다 / 내년에?

Is your dad [ ] [ ] buy a house [ ] [ ] ?

9 ~이니 / 네 아빠는 / ~할 예정인 / 집을 사다?

[   ]

10 ~이니 / 그녀는 / ~할 예정인 / 집을 사다?

[   ]

❶ 그들은 그녀를 만날 예정이니?

[　　] [　　] [　　] to meet her?

❷ 너는 그녀를 만날 예정이니?

Are you going [　　] [　　] her?

❸ 너는 그녀와 놀 예정이니?

[　　] you going to play with [　　] ?

❹ 너는 네 친구와 놀 예정이니?

[　　] [　　] [　　] [　　] [　　] with your friend?

❺ 그녀는 그녀의 친구와 놀 예정이니?

[　　] [　　] [　　] [　　] play with her [　　] ?

❻ 그녀는 야구를 할 예정이니?

Is she going to [　　] baseball?

❼ 그들은 야구를 할 예정이니?

[　　]

❽ 그들은 내일 야구를 할 예정이니?

Are they [　　] [　　] play baseball [　　] ?

❾ 그들은 내일 파티를 열 예정이니?

[　　] [　　] going to have a party tomorrow?

❿ 너는 내일 파티를 열 예정이니?

Are you going to [　　] [　　] [　　] tomorrow?

⓫ 너는 다음 주에 파티를 열 예정이니?

[　　]

22 그녀는 영어를 말할 수 있다.
She can speak English.

22.mp3

☆ '~할 수 있다'고 할 때는 can을 동사 앞에 써요

→ can 뒤에는 동사원형!

She can speak English.

그녀는 영어를 말할 수 있다.

☆ 주어가 누구든 상관없이 can의 모양은 항상 똑같아요!

I can speak English.
나는 영어를 말할 수 있다.

Jack can speak English.
잭은 영어를 말할 수 있다.

주어가 누구든 상관없이
can은 바뀌지 않아요~
Jack ~~cans~~ speak Englis. (틀린 문장)
→ can

새로운 단어 speak 말하다 | write 쓰다 | drive 운전하다 | bird 새 | fly 날다 | jump 점프하다
high 높이

❶

나는 / 수영한다 / 빨리.

I swim fast.

I [ ] swim fast.

나는 / 수영할 수 있다 / 빨리.

❷

우리는 / 한다 / 야구를.

We play baseball.

We [ ] play baseball.

우리는 / 할 수 있다 / 야구를.

❸

너는 / 말한다 / 영어를.

You speak English.

You [ ] [ ] English.

너는 / 말할 수 있다 / 영어를.

❹

그는 / 읽는다 / 야구를.

He reads baseball.

He [ ] [ ] baseball.

그는 / 읽을 수 있다 / 야구를.

❺

그녀는 / 쓴다 / 일본어를.

She writes Japanese.

She [ ] [ ] Japanese.

그녀는 / 쓸 수 있다 / 일본어를.

❻

브라운 씨는 / 운전한다.

Mr. Brown drives.

Mr. Brown [ ] [ ] .

브라운 씨는 / 운전할 수 있다.

❼

새들은 / 난다.

Birds fly.

Birds [ ] [ ] .

새들은 / 날 수 있다.

❽

잭은 / 점프한다 / 높이.

Jack jumps high.

Jack [ ] [ ] high.

잭은 / 점프할 수 있다 / 높이.

❶ 나는 / 말할 수 있다 / 영어를.

I [ ] speak English.

❷ 나는 / 말할 수 있다 / 중국어를.

I can [ ] Chinese.

❸ 나는 / 읽을 수 있다 / 중국어를.

I [ ] read [ ] .

❹ 애바는 / 읽을 수 있다 / 중국어를.

Ava [ ] [ ] Chinese.

❺ 애바는 / 읽을 수 있다 / 일본어를.

[ ]

❻ 애바는 / 쓸 수 있다 / 일본어를.

Ava [ ] write Japanese.

❼ 그는 / 쓸 수 있다 / 일본어를.

He can [ ] [ ] .

❽ 그는 / 운전할 수 있다.

[ ] [ ] drive.

❾ 나의 아버지는 / 운전할 수 있다.

[ ]

❿ 나의 아버지는 / 운전할 수 있다 / 버스를.

My father can [ ] a [ ] .

 Chinese의 여러 가지 뜻

1. 중국어, 중국인
2. 중국어의, 중국인의, 중국의

Korean, Japanese에도 위와 같은 식으로 여러 가지 뜻이 있어요.

Korean
1. 한국어, 한국인
2. 한국어의, 한국인의, 한국의

Japanese
1. 일본어, 일본인
2. 일본어의, 일본인의, 일본의

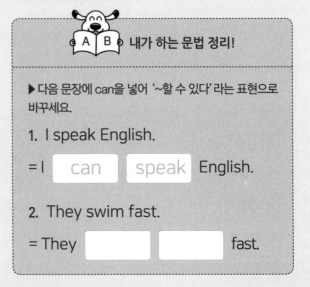 내가 하는 문법 정리!

▶ 다음 문장에 can을 넣어 '~할 수 있다' 라는 표현으로 바꾸세요.

1. I speak English.

= I [can] [speak] English.

2. They swim fast.

= They [ ] [ ] fast.

 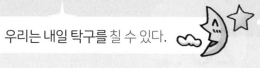
❶ 새들은 날 수 있다.　　Birds ☐ fly.

❷ 새들은 높이 날 수 있다.　　☐ can ☐ high.

❸ 우리는 점프할 수 있다.　　☐ ☐ jump.

❹ 우리는 높이 점프할 수 있다.　　We can ☐ high.

❺ 그들은 높이 점프할 수 있다.　　They ☐ jump ☐ .

❻ 그들은 빨리 수영할 수 있다.　　They ☐ ☐ fast.

❼ 리암은 빨리 수영할 수 있다.　　Liam can swim ☐ .

❽ 리암은 야구를 할 수 있다.　　☐

❾ 리암은 내일 야구를 할 수 있다.　　Liam can ☐ baseball ☐ .

❿ 나는 내일 야구를 할 수 있다.　　☐ ☐ play baseball tomorrow.

⓫ 나는 내일 탁구를 칠 수 있다.　　I can ☐ table tennis ☐ .

⓬ 우리는 내일 탁구를 칠 수 있다.　　☐

확인문제

▶괄호 안에서 알맞은 말을 고르세요.

1. We (walk can / can walk) fast.　　2. My mother (can / cans) read Chinese.

3. He can (drive / drives).　　4. They can (play / playing) baseball.

99

23

나는 달릴 수 없다.
I cannot run.

23.mp3

☆ '~할 수 없다'는 의미는 cannot을 동사 앞에 써서 나타내요

I cannot run. 나는 달릴 수 없다.

↳ cannot 뒤에는 동사원형.

☆ cannot은 can't로 줄여서 많이 써요

He can't run fast. 그는 빨리 달릴 수 없다.

↳ = cannot

can't(cannot)는 주어가 무엇이든 항상 똑같이 써요.

새로운 단어 truck 트럭

cannot은 can't로 줄여 써 보세요.

1

나는 / 달릴 수 있다.

I can run.

cannot(can't) 뒤에는 동사원형!

I cannot [ ] .

나는 / 달릴 수 없다.

2

우리는 / 수영할 수 있다.

We can swim.

We can't [ ] .

우리는 / 수영할 수 없다.

3

너는 / 말할 수 있다 / 중국어를.

You can speak Chinese.

You [ ] speak Chinese.

너는 / 말할 수 없다 / 중국어를.

4

그는 / 읽을 수 있다 / 일본어를.

He can read Japanese.

He [ ] [ ] Japanese.

그는 / 읽을 수 없다 / 일본어를.

5

그녀는 / 쓸 수 있다 / 영어를.

She can write English.

She [ ] [ ] English.

그녀는 / 쓸 수 없다 / 영어를.

6

스미스 씨는 / 운전할 수 있다 / 트럭을.

Ms. Smith can drive a truck.

Ms. Smith [ ] [ ] a truck. 스미스 씨는 / 운전할 수 없다 / 트럭을.

7

새들은 / 날 수 있다.

Birds can fly.

Fish [ ] [ ] .

물고기들은 / 날 수 없다.

8

그들은 / 점프할 수 있다 / 높이.

They can jump high.

They [ ] [ ] high.

그들은 / 점프할 수 없다 / 높이.

 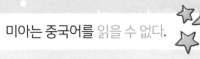

2단계 쓰다 보면 문법이 보여!

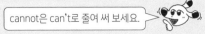

cannot은 can't로 줄여 써 보세요.

❶ 미아는 / 읽을 수 없다 / 중국어를.

Mia ☐ read Chinese.

❷ 미아는 / 읽을 수 없다 / 일본어를.

Mia can't ☐ Japanese.

❸ 미아는 / 말할 수 없다 / 일본어를.

Mia can't speak ☐ .

❹ 그들은 / 말할 수 없다 / 일본어를.

They ☐ ☐ Japanese.

❺ 그들은 / 말할 수 없다 / 영어를.

☐

❻ 그들은 / 쓸 수 없다 / 영어를.

They ☐ write English.

❼ 나는 / 쓸 수 없다 / 영어를.

I can't ☐ ☐ .

❽ 나는 / 점프할 수 없다 / 높이.

☐ ☐ jump high.

❾ 리암은 / 점프할 수 없다 / 높이.

Liam can't ☐ ☐ .

❿ 너는 높이 점프할 수 없다.

☐

A B 내가 하는 문법 정리!

▶밑줄 친 부분의 의미가 같도록 빈칸에 알맞은 말을 쓰세요.

1. He <u>cannot</u> run fast.

= He [can't] run fast.

2. We <u>can't</u> drive.

= We ☐ drive.

102

 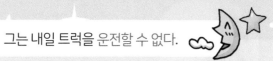
cannot은 can't로 줄여 써 보세요.

출발!

❶ 물고기들은 날 수 없다.　　Fish [　　] fly.

❷ 개들은 날 수 없다.　　Dogs can't [　　].

❸ 우리는 날 수 없다.　　We [　　] fly.

❹ 우리는 수영할 수 없다.　　[　　　　　　　　　]

❺ 우리는 빨리 수영할 수 없다.　　We [　　] swim fast.

❻ 우리는 빨리 달릴 수 없다.　　[　　　　　　　　　]

❼ 리암과 잭은 빨리 달릴 수 없다.　　Liam and Jack can't run [　　].

❽ 리암과 잭은 운전할 수 없다.　　[　　] and [　　] [　　] drive.

❾ 브라운 씨는 운전할 수 없다.　　Mr. Brown can't [　　].

❿ 브라운 씨는 트럭을 운전할 수 없다.　　[　　] [　　] drive a truck.

⓫ 그는 트럭을 운전할 수 없다　　He can't [　] [　] [　].

⓬ 그는 내일 트럭을 운전할 수 없다.　　[　　　　　　　　　]

도착!

확인 문제

▶다음 문장을 부정문으로 바꿀 때 빈칸에 알맞은 말을 쓰세요.

1. I can drive a truck.　　→　I [　　] [　　] a truck.

2. Amy can speak Korean.　　→　Amy [　　] [　　] Korean.

24 너는 피아노를 칠 수 있니?
Can you play the piano?

24.mp3

☆ '~할 수 있니?'라고 물어볼 때는 can을 주어 앞으로!

Yes!

Can you play the piano? 너는 피아노를 칠 수 있니?

Yes, I can. 응, 나는 할 수 있어.

→ 할 수 있으면 Yes, 할 수 없으면 No!

☆ Can ~? 질문으로 다양한 의미를 나타낼 수 있어요

능력에 대해 물을 때	Can you play the piano? 너는 피아노를 칠 수 있니?
도움을 제안할 때	Can I help you? 내가 도와줄까?
허락을 요청할 때	Can I have some cookies? 내가 쿠키 좀 먹어도 되니?
도움을 부탁할 때	Can you help me? 나 좀 도와줄래?
부탁할 때	Can you close the door? 문 좀 닫아 줄래?

새로운 단어 cookies 쿠키(들) | use 사용하다

①

너는 / 말할 수 있다 / 중국어를.

You can speak Chinese.

능력에 대해 묻는 말.

[   ] you speak Chinese?

~할 수 있니 / 너는 / 말하다 / 중국어를?

②

응, / 나는 할 수 있어.

Yes, I [   ] .

No, I [   ] .

아니, / 나는 못 해.

③

나는 / 도와줄 수 있다 / 너를.

I can help you.

[   ] I help you?

~해줄까 / 내가 / 돕다 / 너를?

④

응, / 그렇게 해줘. (도움 제안을 받아들일 때)

[   ] , please.

[   ] , thank you.

아니, 괜찮아. (도움 제안을 거절할 때)

⑤

너는 / 도울 수 있다 / 나를.

You can help me.

[   ] you [   ] me?

~할 수 있니 / 너는 / 돕다 / 나를?

⑥

응, / 나는 할 수 있어.

Yes, I [   ] .

도움 요청을 수락할 때 Yes, I can.
대신에 Sure.(물론이야.)라고 해도 돼요.

[   ] , I can't.

아니, / 나는 할 수 없어.

⑦

나는 / 사용할 수 있다 / 네 펜을.

I can use your pen.

[   ] I [   ] your pen?

~해도 되니 / 내가 / 사용하다 / 네 펜을?

⑧

응, / 너는 그래도 돼.

[   ] , you can.

No, you [   ] .

아니, / 너는 그러면 안 돼.

❶ ~할 수 있니 / 너의 아빠는 / 운전하다 / 트럭을?

[   ] your dad drive a truck?

응, / 그는 할 수 있어.

[   ], he can.

❷ ~할 수 있니 / 그는 / 운전하다 / 트럭을?

Can he [   ] a [   ] ?

아니, / 그는 할 수 없어.

No, he [   ] .

❸ ~할 수 있니 / 그는 / 운전하다 / 큰 버스를?

[   ] [   ] drive a big bus?

응, / 그는 할 수 있어.

Yes, [   ] can.

❹ ~할 수 있니 / 그는 / 말하다 / 중국어를?

Can he [   ] Chinese?

아니, / 그는 할 수 없어.

[   ], he can't.

❺ ~할 수 있니 / 그녀는 / 말하다 / 중국어를?

[   ]

응, / 그녀는 할 수 있어.

Yes, she [   ] .

❻ ~할 수 있니 / 그녀는 / 말하다 / 영어를?

[   ] she speak English?

아니, / 그녀는 할 수 없어.

No, [   ] [   ] .

❼ ~할 수 있니 / 그들은 / 말하다 / 영어를?

Can they [   ] [   ] ?

응, / 그들은 할 수 있어.

[   ], they can.

❽ ~할 수 있니 / 그들은 / 치다 / 피아노를?

[   ] [   ] [   ] the piano?

아니, / 그들은 할 수 없어.

No, they [   ] .

❾ ~할 수 있니 / 너는 / 치다 / 피아노를?

Can you [   ] [   ] [   ] ?

응, / 나는 할 수 있어.

Yes, [   ] [   ] .

❿ ~할 수 있니 / 너는 / 치다 / 기타를?

[   ] [   ] [   ] the guitar?

아니, / 나는 할 수 없어.

[   ], I can't.

1 네 전화기를 써도 되니?

[_____] I use your phone?

응, 그래도 돼.

[_____], you can.

2 네 연필을 써도 되니?

Can I [_____] your pencil?

아니, 안 돼.

No, you [_____].

3 케이크 좀 먹어도 되니?

[_____] [_____] [_____] some cake?

응, 그래도 돼.

Yes, you [_____].

4 쿠키들 좀 먹어도 되니?

[_____] [_____] eat some cookies?

아니, 안 돼.

[_____], you can't.

5 도와 드릴까요?

Can I [_____] you?

네, 도와주세요.

[_____], please.

6 나 좀 도와줄래?

[_____]

응, 그래.

Yes, I [_____].

7 우리 좀 도와줄래?

[_____] [_____] help us?

미안하지만, 할 수 없어.

I'm sorry, but I can't.

➡ 요청을 거절할 때 No, I can't.로 답할 수도
있지만, 실생활에서는 민망하지 않게
I'm sorry를 써서 부드럽게 답해요.

8 문 좀 닫아 줄래?

Can you [_____] the door?

응, 그래.

[_____], I can.

9 창문 좀 닫아 줄래?

[_____] [_____] close the [_____] ?

미안하지만, 할 수 없어.

I'm sorry, but I [_____].

10 창문 좀 열어 줄래?

[_____]

응, 그래.

Yes, [_____] [_____].

오늘은 춥다.
It is cold today.

25.mp3

☆ 날씨를 나타낼 때는 It으로 시작해요

날씨를 나타낼 때 주어 자리에 있는 It은 '그것'이라는 뜻이 없어요. 이때 It을 '비인칭 주어'라고 해요.

It is cold today.
오늘은 춥다.

☆ '비인칭 주어'는 날씨 외에도 다양하게 쓰여요

날씨를 나타낼 때	It is raining. 비가 오고 있다.
시간을 나타낼 때	It is two o'clock. 2시이다.
요일을 나타낼 때	It is Monday. 월요일이다.
계절을 나타낼 때	It is summer. 여름이다.
날짜를 나타낼 때	It is March 10th. 3월 10일이다.

새로운 단어 ┃ cold 추운 ┃ today 오늘 ┃ rain 비가 오다 ┃ o'clock ~시(정각) ┃ summer 여름 ┃ March 3월 ┃ warm 따뜻한 ┃ windy 바람 부는 ┃ snow 눈이 오다 ┃ a.m. 오전 ┃ spring 봄 ┃ fall 가을 ┃ winter 겨울

①

(비인칭 주어) / ~이다 / 더운 / 오늘.

It is hot today.

↳ 비인칭 주어는 '그것'이라는 뜻이 없어서 해석하지 않아요.

[　　] [　　] cold today.

(비인칭 주어) / ~이다 / 추운 / 오늘.

②

(비인칭 주어) / ~였다 / 따뜻한 / 어제.

It was warm yesterday.

[　　] [　　] windy
yesterday. (비인칭 주어) / ~였다 / 바람 부는 / 어제.

③

(비인칭 주어) / 비가 오고 있다 / 오늘.

[　　] is raining today.

[　　] is snowing today.

(비인칭 주어) / 눈이 오고 있다 / 오늘.

④

(비인칭 주어) / 비가 왔다 / 어제.

[　　] rained yesterday.

[　　] snowed yesterday.

(비인칭 주어) / 눈이 왔다 / 어제.

⑤

(비인칭 주어) / ~이다 / 오전 11시.

[　　] [　　] 11:00 a.m.

[　　] [　　] 5 o'clock.

(비인칭 주어) / ~이다 / 5시.

⑥

(비인칭 주어) / ~이다 / 3월 10일.

[　　] [　　] March 10th.

[　　] [　　] September
25th. (비인칭 주어) / ~이다 / 9월 25일.

⑦

(비인칭 주어) / ~이다 / 봄.

[　　] [　　] spring.

[　　] [　　] summer.

(비인칭 주어) / ~이다 / 여름.

⑧

(비인칭 주어) / ~이다 / 월요일.

[　　] [　　] Monday.

[　　] [　　] Saturday.

(비인칭 주어) / ~이다 / 토요일.

① (비인칭 주어) / ~이다 / 가을.

☐ is fall.

② (비인칭 주어) / ~이다 / 겨울.

It ☐ winter.

③ (비인칭 주어) / ~이다 / 화요일.

☐ ☐ Tuesday.

④ (비인칭 주어) / ~이다 / 일요일.

☐

⑤ (비인칭 주어) / ~이다 / 3월 25일.

☐ is March 25th.

⑥ (비인칭 주어) / ~이다 / 9월 10일.

It ☐ September 10th.

⑦ (비인칭 주어) / ~이다 / 오전 10시 30분.

☐ ☐ 10:30 a.m.

⑧ (비인칭 주어) / ~이다 / 4시 (정각).

☐

⑨ (비인칭 주어) / ~이다 / 8시 (정각).

☐ is 8 o'clock.

⑩ (비인칭 주어) / ~이다 / 여름.

☐

1~12월까지 써 보며 익히세요.

1월: January ☐

2월: February ☐

3월: March ☐

4월: April ☐

5월: May ☐

6월: June ☐

7월: July ☐

8월: August ☐

9월: September ☐

10월: October ☐

11월: November ☐

12월: December ☐

❶ 오늘은 춥다.   [   ] is cold today.

❷ 오늘은 덥다.   It [   ] hot today.

❸ 어제는 더웠다.   [   ] was [   ] yesterday.

❹ 어제는 추웠다.   [   ]

❺ 어제는 따뜻했다.   It [   ] warm yesterday.

❻ 어제는 비가 왔다.   [   ] rained [   ] .

❼ 지난주에 비가 왔다.   It [   ] last week.

❽ 지난주에 눈이 왔다.   It snowed [   ] [   ] .

❾ 눈이 오고 있다.   [   ] [   ] snowing.

❿ 비가 오고 있다.   It is [   ] .

⓫ 지금 비가 오고 있다.   [   ]

⓬ 지금 눈이 오고 있다.   [   ]

▶ 우리말과 일치하도록 괄호 안에서 알맞은 말을 고르세요.

1. 오늘은 따뜻하다. (It / This) is warm today.

2. 지금은 5시이다. (It / He) is five o'clock now.

1. 다음 말의 줄임말을 쓰세요.

1) will not ⇒ _____ 2) cannot ⇒ _____

[2~4] 빈칸에 알맞은 말을 고르세요.

2.

_____ is raining today.

① This ② It ③ That

3.

He will _____ in London.

① travel ② travels ③ traveling

4.

We are _____ to study English.

① go ② goes ③ going

[5~6] 우리말과 일치하도록 괄호 안에서 알맞은 말을 고르세요.

5. 내가 네 전화기를 써도 되니? ⇒ (Will / Can) I use your phone?

6. 어제 눈이 왔다. ⇒ (It / They) snowed yesterday.

[7~10] 밑줄 친 부분을 바르게 고쳐 쓰세요.

7. <u>This</u> is Monday today.　　➡ _____

8. She's going to <u>ate</u> cookies.　　➡ _____

9. Ava can <u>swimming</u> fast.　　➡ _____

10. My brother <u>wills</u> meet them.　　➡ _____

[11~13] 빈칸에 알맞지 <u>않은</u> 말을 고르세요.

11.

I _____ play table tennis.

① will　　　　② can　　　　③ is going to

12.

It is _____ .

① cold　　　　② spring　　　　③ apples

13.

He will buy a computer _____ .

① yesterday　　　② tomorrow　　　③ next month

[14~15] 다음 문장을 물어보는 문장으로 바꿔 쓰세요.

14. She can speak English. ➡ _____

15. You will live in Japan. ➡ _____

[16~18] 우리말과 일치하도록 빈칸에 알맞은 말을 쓰세요.

16. 물고기들은 날 수 없다. ➡ Fish _____ fly.

17. 너는 중국어를 배울 예정이니? ➡ _____ you going _____ learn Chinese?

18. 그들은 오두막집을 지을 것이다. ➡ They _____ build a cabin.

[19~20] 다음 문장에 not을 넣어 다시 쓰세요.

19. We will visit Seoul. ➡ _____

20. He can read Korean. ➡ _____

[21~22] 우리말과 일치하도록 괄호 안의 단어를 바르게 배열하세요.

21.

> 오늘은 덥다. (today / is / hot / It)

➡ _____

22.

> 나는 지하철을 타지 않을 예정이다. (take a subway / going / I'm / to / not)

➡ _____

[23~25] 그림을 보고 질문에 알맞은 대답을 쓰세요.

23.

A: Can he jump high?

B: _____ , he _____ .

24.

A: Will she drink milk?

B: _____ , she _____ .

25.

A: Are they going to play soccer?

B: _____ , they _____ .

▷ 현재진행 시제 문장 완성하기

① 그는 영화를 보고 있다.　　He is ☐ a movie.

② 너는 영화를 보고 있다.　　You ☐ watching a ☐ .

③ 너는 영화를 보고 있니?　　☐ ☐ ☐ a movie?

④ 너는 영어를 공부하고 있니?　　Are you ☐ English?

⑤ 그들은 영어를 공부하고 있니?　　☐ ☐ studying ☐ ?

⑥ 그들은 영어를 공부하고 있다.　　They ☐ ☐ English.

⑦ 그들은 파티를 열고 있다.　　They are ☐ ☐ ☐ .

⑧ 그들은 파티를 열고 있지 않다.　　They ☐ ☐ having a party.

⑨ 우리는 파티를 열고 있지 않다.　　☐

⑩ 우리는 누워 있지 않다.　　We are ☐ lying.

⑪ 나는 누워 있지 않다.　　I ☐ not ☐ .

⑫ 나는 달리고 있지 않다.　　☐ am ☐ running.

⑬ 나는 공원에서 달리고 있다.　　☐ ☐ ☐ in the park.

⑭ 나는 공원에서 놀고 있다.　　I am playing ☐ ☐ ☐ .

⑮ 그녀는 공원에서 놀고 있다.　　☐

▷명령문, Let's ~ 문장 완성하기

❶ (제발) 네 눈을 뜨세요.　Please ☐ your eyes.

❷ 네 눈을 떠라.　Open ☐ ☐ .

❸ 네 책을 펼쳐라.　☐ your book.

❹ 네 책을 덮어라.　Close ☐ ☐ .

❺ 창문을 닫아라.　☐

❻ 창문을 닫자.　☐ close the window.

❼ 영화 보러 가자.　Let's ☐ to the movies.

❽ 내일 영화 보러 가자.　☐ go ☐ ☐ tomorrow.

❾ 내일 도서관에 가자.　Let's ☐ to the library ☐ .

❿ 지금 도서관에 가자.　☐ ☐ ☐ ☐ ☐ now.

⓫ 지금 만나자.　Let's meet ☐ .

⓬ 3시에 만나자.　☐ ☐ at 3:00.

⓭ 수영하러 가자.　☐ go swimming.

⓮ 조용히 하자.　Let's be ☐ .

⓯ (제발) 조용히 하세요.　☐

▷ be동사의 과거 시제 문장 완성하기

<be동사+not>은 줄임말로 써 보세요.

❶ 나는 치과 의사였다. I was a ⬚ .

❷ 우리는 치과 의사였다. ⬚ ⬚ dentists.

❸ 우리는 우리 방에 있었다. We were ⬚ our ⬚ .

❹ 그는 그의 방에 있었다. He ⬚ in his room.

❺ 그는 피곤했다. ⬚ was ⬚ .

❻ 너는 피곤했다. You ⬚ tired.

❼ 너는 피곤했니? ⬚

❽ 너는 어제 피곤했니? Were you tired ⬚ ?

❾ 너는 어제 신이 났었니? ⬚ ⬚ excited yesterday?

❿ 그녀는 어제 신이 났었니? Was she ⬚ yesterday?

⓫ 그녀는 어제 신이 났었다. ⬚ ⬚ excited yesterday.

⓬ 그녀는 어제 신이 나지 않았다. She wasn't ⬚ yesterday.

⓭ 그녀는 그녀의 집에 있지 않았다. ⬚ ⬚ in her house.

⓮ 그들은 그들의 집에 있지 않았다. They weren't ⬚ their ⬚ .

⓯ 그들은 행복하지 않았다. ⬚

▷일반동사의 과거 시제 문장 완성하기

잘 풀어 봐!

did not은 줄임말 didn't로 써 보세요.

❶ 너는 그를 만났니? Did you ⬜ ⬜ ?

❷ 너는 지난주에 그를 만났니? ⬜ ⬜ meet him last week?

❸ 너는 지난주에 낚시하러 갔니? Did you ⬜ ⬜ last week?

❹ 그들은 지난주에 낚시하러 갔니? Did ⬜ go fishing ⬜ ⬜ ?

❺ 그들은 지난주에 쇼핑하러 갔니? ⬜ they ⬜ shopping last week?

❻ 그들은 지난주에 쇼핑하러 갔다. They went ⬜ last week.

❼ 그들은 지난주에 런던에 갔다. ⬜ ⬜ to London last week.

❽ 그녀는 런던에 갔다. ⬜

❾ 그녀는 런던에서 여행했다. ⬜ traveled in ⬜ .

❿ 그녀는 중국에서 여행했다. She ⬜ in China.

⓫ 그녀는 중국에서 여행하지 않았다. She ⬜ ⬜ in China.

⓬ 그녀는 중국어를 배우지 않았다. ⬜ didn't learn ⬜ .

⓭ 나는 중국어를 배우지 않았다. I ⬜ ⬜ Chinese.

⓮ 나는 중국어를 공부하지 않았다. ⬜

⓯ 나는 일본어를 공부하지 않았다. ⬜ ⬜ study Japanese.

▷will 문장 완성하기

will not은 줄임말 won't로 써 보세요.

❶ 우리는 케이크를 먹을 것이다. We [   ] eat a cake.

❷ 우리는 케이크를 살 것이다. We will [   ] [   ] [   ] .

❸ 그녀는 케이크를 살 것이다. [   ] [   ] buy a cake.

❹ 그녀는 컴퓨터를 살 것이다. She [   ] [   ] a computer.

❺ 그녀는 컴퓨터를 사지 않을 것이다. [   ] won't buy [   ] [   ] .

❻ 그녀는 게임을 하지 않을 것이다. She [   ] play the game.

❼ 그는 게임을 하지 않을 것이다. He won't [   ] [   ] [   ] .

❽ 그는 탁구를 치지 않을 것이다. [   ]

❾ 너는 탁구를 치지 않을 것이다. You [   ] play table tennis.

❿ 너는 탁구를 칠 것이다. You will [   ] [   ] [   ] .

⓫ 너는 탁구를 칠 거니? [   ] [   ] [   ] table tennis?

⓬ 너는 음악을 연주할 거니? [   ] you play music?

⓭ 그들은 음악을 연주할 거니? Will they [   ] [   ] ?

⓮ 그들은 음악을 들을 거니? [   ] [   ] listen to music?

⓯ 그들은 음악을 들을 것이다. [   ]

▷be going to 문장 완성하기

<be동사+not>은 줄임말로 써 보세요.

❶ 그들은 피자를 만들 예정이다. They are ☐ to ☐ a pizza.

❷ 그들은 피자를 만들지 않을 예정이다. They ☐ going to make a pizza.

❸ 나는 피자를 만들지 않을 예정이다. I ☐ ☐ going to make ☐ ☐ .

❹ 나는 걷지 않을 예정이다. I am not ☐ ☐ ☐ .

❺ 그는 걷지 않을 예정이다. ☐

❻ 그는 걸을 예정이다. ☐ is going to walk.

❼ 그는 걸을 예정이니? ☐ he ☐ ☐ walk?

❽ 그는 버스를 탈 예정이니? ☐ ☐ ☐ to take a bus?

❾ 너는 버스를 탈 예정이니? Are you going to ☐ ☐ ☐ ?

❿ 너는 낮잠을 잘 예정이니? ☐ you ☐ ☐ take a nap?

⓫ 너는 지금 낮잠을 잘 예정이니? Are you going to ☐ ☐ ☐ now?

⓬ 나는 지금 낮잠을 잘 예정이다. I ☐ ☐ to ☐ a nap now.

⓭ 우리는 지금 낮잠을 잘 예정이다. ☐ are going to take a nap ☐ .

⓮ 우리는 점심을 먹을 예정이다. We ☐ ☐ ☐ have lunch.

⓯ 그녀는 점심을 먹을 예정이다. ☐

▷can 문장 완성하기

❶ 나를 도와줄 수 있니? [ ] you help me?

❷ 내가 도와줄까? Can I [ ] [ ] ?

❸ 내가 네 전화를 써도 될까? [ ] [ ] use your phone?

❹ 내가 네 펜을 써도 될까? Can I [ ] your pen?

❺ 내가 너와 같이 가도 될까? [ ] [ ] [ ] with you?

❻ 나는 너와 같이 갈 수 있다. I can go [ ] [ ] .

❼ 나는 트럭을 운전할 수 있다. I [ ] [ ] a truck.

❽ 그는 트럭을 운전할 수 있다. [ ]

❾ 그는 버스를 운전할 수 있다. [ ] [ ] drive a bus.

❿ 그는 영어를 말할 수 있다. He can [ ] [ ] .

⓫ 우리는 영어를 말할 수 있다. We [ ] speak English.

⓬ 우리는 영어를 말할 수 없다. [ ] can't [ ] English.

⓭ 우리는 영어를 쓸 수 없다. We [ ] write [ ] .

⓮ 그녀는 영어를 쓸 수 없다. [ ] can't [ ] English.

⓯ 그녀는 수영할 수 없다. [ ]

▷It(비인칭 주어) 문장 완성하기

❶ 여름이다.　　[ ] is summer.

❷ 겨울이다.　　It [ ] winter.

❸ 지금은 겨울이다.　　It is [ ] now.

❹ 지금은 5시이다.　　[ ] [ ] five o'clock now.

❺ 지금은 10시이다.　　[ ] [ ] ten o'clock [ ].

❻ 3시이다.　　[ ] [ ] three o'clock.

❼ 3월 20일이다.　　[ ] [ ] March 20th.

❽ 5월 8일이다.　　[ ]

❾ 오늘은 5월 8일이다.　　It is May 8th [ ].

❿ 오늘은 목요일이다.　　[ ] [ ] Thursday today.

⓫ 오늘은 화요일이다.　　It is [ ] today.

⓬ 오늘은 바람이 분다.　　[ ] is windy [ ].

⓭ 오늘은 비가 오고 있다.　　It [ ] [ ] today.

⓮ 어제는 추웠다.　　[ ] was [ ] yesterday.

⓯ 추웠다.　　[ ]

전 세계 어린이들이 가장 많이 읽는
영어동화 100편 시리즈

명작동화

과학동화

위인동화

BEST 1위

더 경제적인 세트도 있어요!

영어교육과 교수님부터 영재연구소, 미국 초등 선생님까지 강력 추천!

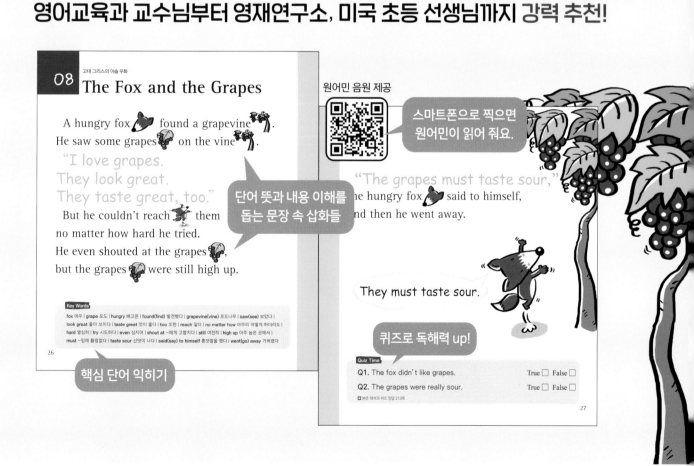

08 고대 그리스의 이솝 우화
The Fox and the Grapes

A hungry fox found a grapevine.
He saw some grapes on the vine.
"I love grapes.
They look great.
They taste great, too."
But he couldn't reach them
no matter how hard he tried.
He even shouted at the grapes,
but the grapes were still high up.

단어 뜻과 내용 이해를 돕는 문장 속 삽화들

"The grapes must taste sour,"
the hungry fox said to himself,
and then he went away.

원어민 음원 제공

스마트폰으로 찍으면 원어민이 읽어 줘요.

They must taste sour.

퀴즈로 독해력 up!

Key Words
fox 여우 | grape 포도 | hungry 배고픈 | found(find) 발견했다 | grapevine(vine) 포도나무 | saw(see) 보았다 |
look great 좋아 보이다 | taste great 맛이 좋다 | too 또한 | reach 닿다 | no matter how 아무리 어떻게 하더라도 |
hard 열심히 | try 시도하다 | even 심지어 | shout at ~에게 고함치다 | still 여전히 | high up 아주 높은 곳에서 |
must ~임에 틀림없다 | taste sour 신맛이 나다 | said(say) to himself 혼잣말을 했다 | went(go) away 가버렸다

핵심 단어 익히기

26

Quiz Time
Q1. The fox didn't like grapes.   True ☐ False ☐
Q2. The grapes were really sour.   True ☐ False ☐
본문 해석과 퀴즈 정답 213쪽

27

'나도 영어로 책을 읽을 수 있구나' 하는 자신감을 키워 줍니다.
– 박윤빈 원장님(용인 '투래빗 잉글리시')

바빠 시리즈 초등 학년별 추천 도서

학년	학기별 연산책 바빠 교과서 연산 학기 중, 선행용으로 추천!	나 혼자 푼다! 수학 문장제 학교 시험 서술형 완벽 대비!
1학년	·바쁜 1학년을 위한 빠른 교과서 연산 1-1 ·바쁜 1학년을 위한 빠른 교과서 연산 1-2	·나 혼자 푼다! 수학 문장제 1-1 ·나 혼자 푼다! 수학 문장제 1-2
2학년	·바쁜 2학년을 위한 빠른 교과서 연산 2-1 ·바쁜 2학년을 위한 빠른 교과서 연산 2-2	·나 혼자 푼다! 수학 문장제 2-1 ·나 혼자 푼다! 수학 문장제 2-2
3학년	·바쁜 3학년을 위한 빠른 교과서 연산 3-1 ·바쁜 3학년을 위한 빠른 교과서 연산 3-2	·나 혼자 푼다! 수학 문장제 3-1 ·나 혼자 푼다! 수학 문장제 3-2
4학년	·바쁜 4학년을 위한 빠른 교과서 연산 4-1 ·바쁜 4학년을 위한 빠른 교과서 연산 4-2	·나 혼자 푼다! 수학 문장제 4-1 ·나 혼자 푼다! 수학 문장제 4-2
5학년	·바쁜 5학년을 위한 빠른 교과서 연산 5-1 ·바쁜 5학년을 위한 빠른 교과서 연산 5-2	·나 혼자 푼다! 수학 문장제 5-1 ·나 혼자 푼다! 수학 문장제 5-2
6학년	·바쁜 6학년을 위한 빠른 교과서 연산 6-1 ·바쁜 6학년을 위한 빠른 교과서 연산 6-2	·나 혼자 푼다! 수학 문장제 6-1 ·나 혼자 푼다! 수학 문장제 6-2

'바빠 교과서 연산'과
'나 혼자 문장제'를
함께 풀면
한 학기 수학 완성!

빠른 영어 시리즈

문법을 기억하는

E&T영어연구소, 이정선 지음
William Link 원어민 감수

2 초등 영문법

영어 문장 MP3, QR코드 무료 제공

정답

작은 빈칸부터 전체 문장까지 야금야금 완성!
쓰다 보면 스스로 문법을 깨닫는 재미

새 문법을 배우며 배운 문법이 복습되는 과학적 설계!
나도 모르게 복습이 되는 기특한 영문법 훈련서

이지스에듀

문장이 써지면 이 영문법은 OK!

3·4학년을 위한

초등 영문법 패턴

영어가 막 써져!

읽는 영문법

초등 영문법 ②

3·4학년을 위한

정답

그녀는 야구를 하고 있다.

2단계 문장이 쌓여요!

now: 지금
now는 '지금'이라는 뜻으로, 지금 하고 있는 일을 나타내는 현재 진행형 문장에 자주 쓰여요. 지금 진행해 보세요.
I am studying now.
나는 지금 공부하고 있다.

A B 내가 하는 문법 정리!
▶다음 동사의 -ing형을 쓰세요.
1. play — playing
2. sing — singing
3. sleep — sleeping
4. eat — eating

① 그는 / 하고 있다 / 야구를. He is playing baseball.

② 그녀는 / 하고 있다 / 야구를. She is playing baseball .

③ 우리는 / 하고 있다 / 야구를. We are playing baseball.

④ 우리는 / 노래하고 있다. We are singing.

⑤ 나는 / 노래하고 있다. I am singing now.

⑥ 나는 / 자고 있다 / 지금. I am sleeping now.

⑦ 그는 / 자고 있다 / 지금. He is sleeping now .

⑧ 그는 / 먹고 있다 / 지금. He is eating now .

⑨ 그는 / 먹고 있다 / 아침을 / 지금. He is eating breakfast now .

⑩ 너는 / 먹고 있다 / 아침을 / 지금. You are eating breakfast now.

문장 끝에는 마침표를 꼭 찍어요!

---

01 | 나는 먹고 있다. I am eating.

1단계 비교하면 문법이 쉬워!

그는 자고 있다.

① 나는 / 먹는다. I eat. / I am eating . 나는 / 먹고 있다.

② 그는 / 잔다. He sleeps. / He is sleeping . 그는 / 자고 있다.

③ 그들은 / 본다 / 텔레비전을. They watch TV. / They are watching TV. 그들은 / 보고 있다 / 텔레비전을.

④ 그녀는 / 씻는다 / 그녀의 손을. She washes her hands. / She is washing her hands. 그녀는 / 씻고 있다 / 그녀의 손을.

⑤ 너는 / 공부한다. You study. / You are studying . 너는 / 공부하고 있다.

⑥ 너의 친구는 / 노래한다. Your friend sings. / Your friend is singing . 너의 친구는 / 노래하고 있다.

⑦ 우리는 / 한다 / 축구를. We play soccer. / We are playing soccer. 우리는 / 하고 있다 / 축구를.

⑧ 미아는 / 산다 / 케이크를. Mia buys a cake. / Mia is buying a cake. 미아는 / 사고 있다 / 케이크를.

02 | 그녀는 피자를 만들고 있다. She is making a pizza.

1단계 17쪽

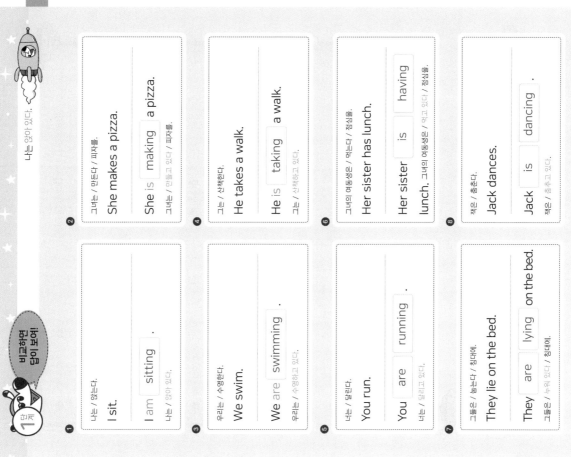

나는 앉아 있다.

비교하며 암기하자!

① 나는 앉는다.
I sit.
I am [sitting] .
나는 앉아 있다.

② 그녀는 / 만든다 / 피자를
She makes a pizza.
She is [making] a pizza.
그녀는 / 만들고 있다 / 피자를.

③ 우리는 / 수영한다.
We swim.
We are [swimming] .
우리는 / 수영하고 있다.

④ 그는 / 산책한다.
He takes a walk.
He is [taking] a walk.
그는 / 산책하고 있다.

⑤ 너는 / 달린다.
You run.
You are [running] .
너는 / 달리고 있다.

⑥ 그녀의 여동생은 / 먹는다 / 점심을.
Her sister has lunch.
Her sister is [having] lunch. 그녀의 여동생은 / 먹고 있다 / 점심을.

⑦ 그들은 / 눕는다 / 침대에.
They lie on the bed.
They are [lying] on the bed.
그들은 / 누워 있다 / 침대에.

⑧ 잭은 / 춤춘다.
Jack dances.
Jack is [dancing] .
잭은 / 춤추고 있다.

3단계 영작이 되면 이 영문법은 OK!

너는 지금 케이크를 먹고 있다.

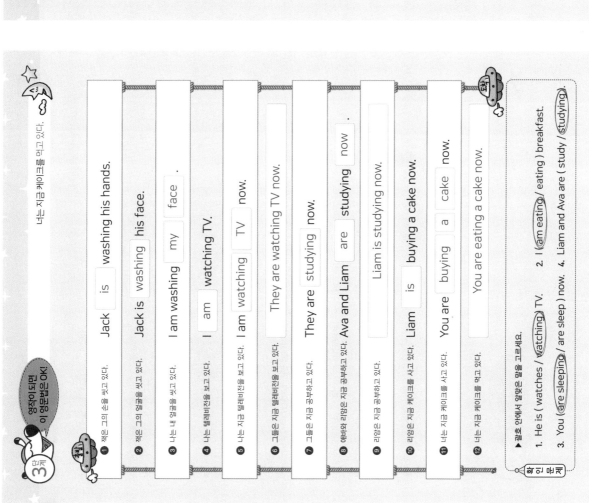

① 잭은 그의 손을 씻고 있다. Jack [is] washing his hands.
② 잭은 그의 얼굴을 씻고 있다. Jack is washing [his] face.
③ 나는 내 얼굴을 씻고 있다. I am washing [my] face .
④ 나는 텔레비전을 보고 있다. I [am] watching TV.
⑤ 나는 지금 텔레비전을 보고 있다. I am [watching] TV [now] .
⑥ 그들은 지금 텔레비전을 보고 있다. [They are watching TV now.]
⑦ 그들은 지금 공부하고 있다. They are [studying] now.
⑧ 에바와 리암은 지금 공부하고 있다. Ava and Liam [are] [studying] [now] .
⑨ 리암은 지금 공부하고 있다. Liam is studying now.
⑩ 리암은 지금 케이크를 사고 있다. Liam [is] buying a cake now.
⑪ 너는 지금 케이크를 사고 있다. You are buying [a] [cake] now.
⑫ 너는 지금 케이크를 먹고 있다. You are eating a cake now.

확인문제
▶ 괄호 안에서 알맞은 말을 고르세요.
1. He is (watches / (watching)) TV.   2. I ((am eating) / eating) breakfast.
3. You ((are sleeping) / are sleep) now.   4. Liam and Ava are (study / (studying)).

2단계 쓰다 보면 문법이 보여!

그는 춤추고 있다.

1 나는 / 먹고 있다 / 점심을.
I am | having | lunch.

2 나는 / 먹고 있다 / 저녁을.
I | am | having | dinner | .

3 내 엄마는 / 먹고 있다 / 저녁을.
My mom | is | having | dinner | .

4 내 엄마는 / 만들고 있다 / 저녁을.
My | mom | is making dinner.

5 내 엄마는 / 만들고 있다 / 피자를.
My mom | is | making | a pizza.

6 우리는 / 만들고 있다 / 피자를.
We are making a pizza.

7 우리는 / 산책하고 있다.
We are | taking | a walk.

8 그는 / 산책하고 있다.
He | is taking a | walk | .

9 그는 / 춤추고 있다.
He | is | dancing.

10 그와 그녀는 / 춤추고 있다.
He and she | are | dancing | .

표현쏙 자주 쓰는 표현
have breakfast/lunch/dinner
아침/점심/저녁을 먹다

A B ▶다음 동사의 ~ing형을 쓰세요.
1. make → | making |
2. lie → | lying |
3. sit → | sitting |
4. run → | running |

3단계 영작이 되면 이 영문법은 OK!

그녀는 침대에 누워 있다.

1 리암과 미아는 수영하고 있다.
Liam and Mia are | swimming | .

2 미아는 수영하고 있다.
Mia | is | swimming.

3 나는 수영하고 있다.
| I am swimming. |

4 나는 앉아 있다.
I | am | sitting.

5 나는 벤치에 앉아 있다.
I | sitting | on the bench.

6 우리는 벤치에 앉아 있다.
We are sitting | on | the | bench | .

7 우리는 달리고 있다.
We | are | running.

8 그는 달리고 있다.
He | is | running | .

9 너는 달리고 있다.
| You are running. |

10 나는 누워 있다.
You | are | lying.

11 너는 침대에 누워 있다.
You | lying | on the bed.

12 그녀는 침대에 누워 있다.
| She is lying on the bed. |

확인문제 ▶괄호 안에서 알맞은 말을 고르세요.
1. She is (lying / lie).
2. We are (swimming / swim).
3. I (has / am having) breakfast.
4. Mia and Liam (are run / are running).

우리는 음악을 듣고 있지 않다.

2단계 쓰면서 외워 보자!

① 우리는 / 듣고 있지 않다. We're [not] listening.

② 우리는 / 듣고 있지 않다 / 음악을. We're [not] [listening] to music.

③ 그녀는 / 듣고 있지 않다 / 음악을. She's not listening [to] [music].

④ 그녀는 / 듣고 있지 않다 / 내 말을. She's [not] listening to me.

⑤ 너는 / 듣고 있지 않다 / 내 말을. You're not listening [to] [me].

⑥ 너는 / 돕고 있지 않다 / 나를. You're [not] helping me.

⑦ 그는 / 돕고 있지 않다 / 나를. [He's] [not] helping [me].

⑧ 그는 / 하고 있지 않다 / 게임을. He's not [playing] [the] [game].

⑨ 나는 / 하고 있지 않다 / 게임을. I'm [not] playing the game.

⑩ 나는 / 치고 있지 않다 / 피아노를. I'm not playing the piano.

문법콕콕 <주어+be동사>는 줄임말로 써요.

We're not listening. = We aren't listening.
좋다 맞아요

<be동사+not>의 줄임말
1권에서 배운 내용을 정리해 보세요.
is not = isn't
are not = aren't
am not은 줄임말 쓸 수 없어요.

내가 하는 문법 정리!
▶ 밑줄 친 부분을 줄임말로 바꾸세요.
1. She is not crying. → She's
2. They are not running. → They're

---

03 | 그는 걷고 있지 않다. He is not walking.

1단계 비교하면 쉬워! 외워 보자!

나는 게임을 하고 있지 않다.

① 나는 / 하고 있다 / 게임을.
I am playing the game.
나는 / 하고 있지 않다 / 게임을.
I am [not] playing the game.

② 그녀는 / 누워 있다 / 침대에.
She is lying on the bed.
그녀는 / 누워 있지 않다 / 침대에.
She is [not] [lying] on the bed.

③ 우리는 / 수영하고 있다.
We are swimming.
우리는 / 수영하고 있지 않다.
We are [not] [swimming].

④ 그는 / 걷고 있다.
He is walking.
그는 / 걷고 있지 않다.
He is [not] [walking].

⑤ 너는 / 듣고 있다 / 음악을.
You are listening to music.
너는 / 듣고 있지 않다 / 음악을.
You [are] [not] [listening] to music.

⑥ 미아는 / 돕고 있다 / 그들을.
Mia is helping them.
미아는 / 돕고 있지 않다 / 그들을.
Mia [is] [not] [helping] them.

⑦ 그들은 / 울고 있다.
They are crying.
그들은 / 울고 있지 않다.
They [are] [not] [crying].

⑧ 잭은 / 쓰고 있다 / 이메일을.
Jack is writing an e-mail.
잭은 / 쓰고 있지 않다 / 이메일을.
Jack [is] [not] [writing] an e-mail.

단계 1

의문문이라면 어떻게?!

그 고양이는 자고 있니?

① 너는 / 걷고 있다.
You are walking.
Are you walking?
~있니 / 너는 / 걷고 있는?

② 응, / 나는 그래.
Yes, I am.
No, I'm [not] .
아니, / 나는 안 그래.
I'm = I am의 줄임말.

③ 그녀는 / 돕고 있다 / 나를.
She is helping me.
Is she helping you ?
~있니 / 그녀는 / 돕고 있는 / 너를?

④ 응, / 그녀는 그래.
Yes, she is.
No, she isn't .
아니, / 그녀는 안 그래.

⑤ 그들은 / 방문하고 있다 / 그를.
They are visiting him.
Are they visiting him ?
~있니 / 그들은 / 방문하고 있는 / 그를?

⑥ 응, / 그들은 그래.
Yes, they are .
No, they aren't.
아니, / 그들은 안 그래.

⑦ 그 고양이는 / 자고 있다.
The cat is sleeping.
Is the cat sleeping ?
~있니 / 그 고양이는 / 자고 있는?

⑧ 응, / 그것은 그래.
Yes, it is .
No, it isn't.
아니, / 그것은 안 그래.
동물을 보통 it으로 받아 말해요.

단계 3

영작이 되면 이 영문법은 OK!

그는 지금 누워 있지 않다.

<주어+be동사는 줄임말로 써 보세요.>

① 그는 이메일을 쓰고 있지 않다.
He's not writing an e-mail.

② 그녀는 이메일을 쓰고 있지 않다.
She's not writing an e-mail .

③ 그녀는 지금 울고 있지 않다.
She's not crying now.

④ 그들은 지금 울고 있지 않다.
They're not crying now .

⑤ 그들은 지금 걷고 있지 않다.
They're not walking now .

⑥ 나는 지금 걷고 있지 않다.
I'm not walking now.

⑦ 나는 지금 달리고 있지 않다.
I'm not running now.

⑧ 우리는 지금 달리고 있지 않다.
We're not running now .

⑨ 우리는 지금 수영하고 있지 않다.
We're not swimming now.

⑩ 너희들은 지금 수영하고 있지 않다.
You're not swimming now .

⑪ 너희들은 지금 누워 있지 않다.
You're not lying now .

⑫ 그는 지금 누워 있지 않다.
He's not lying now.

확인문제

다음 문장을 부정문으로 바꿔 쓸 때 빈칸에 알맞은 말을 쓰세요.
1. We are helping them. → We are not helping them.
2. He is playing soccer. → He is not playing soccer.

3 단계

너는 내 말을 듣고 있니?

영작이 되면 이 영문법은 OK!

① 그들은 자고 있니? | **Are** | **they** | sleeping?
② 그 판다는 자고 있니? | Is the panda | sleeping | ?
③ 그 판다는 놀고 있니? | **Is** | **the** | **panda** | playing?
④ 그 원숭이는 놀고 있니? | Is the monkey | playing | ?
⑤ 그 원숭이들은 놀고 있니? | **Are** | the monkeys playing?
⑥ 그 원숭이들은 바나나들을 먹고 있니? | **Are** | **the** | monkeys eating bananas?
⑦ 너희들은 바나나들을 먹고 있니? | **Are you** | eating | bananas | ?
⑧ 너희들은 사과들을 먹고 있니? | **Are** | **you** | eating apples?
⑨ 그녀는 사과들을 먹고 있니? | Is she eating apples?
⑩ 그들은 음악을 듣고 있니? | **Is she** | listening | **to** | music?
⑪ 너는 음악을 듣고 있니? | Are you listening to music?
⑫ 너는 내 말을 듣고 있니? | **Are** | **you** | listening | to me?

확인문제
▶ 다음 대화의 빈칸에 알맞은 말을 쓰세요.
A: | Are | you | visiting your grandparents?
B: | Yes | , I am.

7

---

2 단계

문법이 쏙쏙!

그들이 그 박물관을 방문하고 있니?

고투리 visit(방문하다)
박물관이나 도시 같은 장소를 '가' 볼 때, 또는 누군가를 '방문하거나' 찾아 뵐 때 동사 visit을 써요.
They are visiting Seoul.
그들은 서울을 방문하고 있다.

① ~있니 / 그들이 / 방문하고 있는 / 너를? | Are | they | visiting you?
② ~있니 / 그들이 / 방문하고 있는 / 그 박물관을? | Are they | visiting | the museum?
③ ~있니 / 너는 / 방문하고 있는 / 그 박물관을? | Are you visiting | the | museum | ?
④ ~있니 / 너는 / 방문하고 있는 / 네 조부모를? | Are | you | visiting | your grandparents?
⑤ ~있니 / 그는 / 방문하고 있는 / 그의 조부모를? | Is | he | visiting his | grandparents | ?
⑥ ~있니 / 그는 / 돕고 있는 / 그의 조부모를? | Is he helping | his | grandparents | ?
⑦ ~있니 / 그들은 / 돕고 있는 / 그들의 조부모를? | Are | they | helping | their grandparents?
⑧ ~있니 / 그들은 / 걷고 있는? | Are they | walking | ?
⑨ ~있니 / 그녀는 / 걷고 있는? | Is | she | walking?
⑩ ~있니 / 너는 / 걷고 있는? | Are you walking?

내가 하는 문법 정리
▶ 다음 문장을 의문문으로 바꿀 때 맨 앞에 오는 말을 쓰세요.
He is helping you.
→ | Is | he | helping you?

05 | 네 책을 펼쳐라. Open your book.

1단계 비교하며 단어 익히기

조용히 해라.

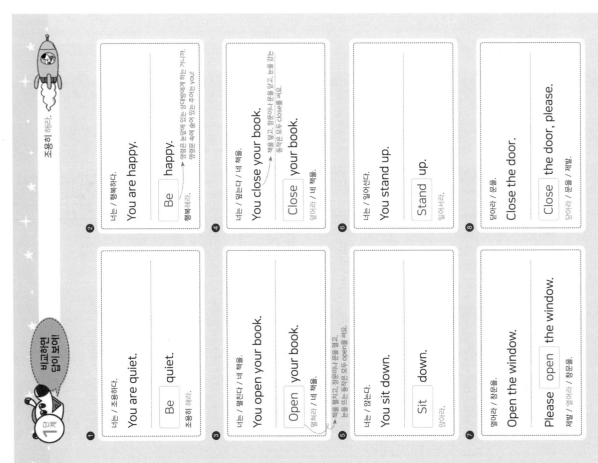

① 너는 / 조용하다.
You are quiet.
[Be] quiet.
조용히 해라.

② 너는 / 행복하다.
You are happy.
[Be] happy.
행복해라.

③ 너는 / 펼친다 / 네 책을.
You open your book.
[Open] your book.
펼쳐라 / 네 책을.
책을 펼치고, 창문이나 문을 열고, 눈을 뜨는 동작은 모두 open을 써요.

④ 너는 / 닫는다 / 네 책을.
You close your book.
[Close] your book.
닫아라 / 네 책을.
책을 덮고, 창문이나 문을 닫고, 눈을 감는 동작은 모두 close를 써요.

⑤ 너는 / 앉는다.
You sit down.
[Sit] down.
앉아라.

⑥ 너는 / 일어선다.
You stand up.
[Stand] up.
일어서라.

⑦ 열어라 / 창문을.
Open the window.
Please [open] the window.
제발 / 열어라 / 창문을.

⑧ 닫아라 / 문을.
Close the door.
[Close] the door, please.
닫아라 / 문을 / 제발.

2단계 문법으로 써 보며

문을 열어라.

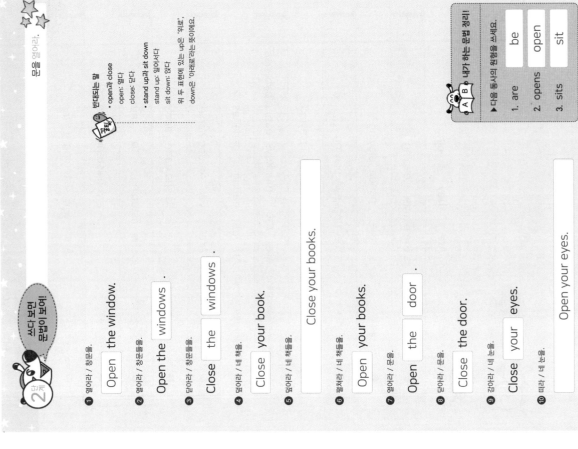

① 열어라 / 창문을.
[Open] the window.

② 열어라 / 창문들을.
Open the [windows] .

③ 닫아라 / 창문들을.
Close [the] [windows] .

④ 닫아라 / 네 책을.
[Close] [your] book.

⑤ 닫아라 / 네 책들을.
Close your books.

⑥ 펼쳐라 / 네 책들을.
[Open] your books.

⑦ 열어라 / 문을.
Open [the] [door] .

⑧ 닫아라 / 문을.
[Close] the door.

⑨ 감아라 / 네 눈을.
Close [your] eyes.

⑩ 떠라 / 네 눈을.
Open your eyes.

반대되는 말
• open과 close
open: 열다
close: 닫다
• stand up과 sit down
stand up: 일어서다
sit down: 앉다
위 두 표현에 있는 up은 '위로', down은 '아래로'라는 뜻이에요.

내가 하는 문법 정리!
▶ 다음 동사의 원형을 쓰세요.

A	B
1. are	be
2. opens	open
3. sits	sit

06 | 3시에 만나자. Let's meet at 3:00.

1단계

비교하며 단어 바꿔!

지하철을 타자.

① 우리는 / 만난다 / 3시에.
We meet at 3:00.
Let's | meet | at 3:00.
만나자 / 3시에.

② 우리는 / 탄다 / 지하철을.
We take a subway.
Let's | take | a subway.
타자 / 지하철을. ➡ (우리) ~하자고 제안하는 말로 Let's 뒤의 동사원형이에요.

③ 우리는 / 본다 / 영화를.
We watch a movie.
Let's | watch | a movie.
보자 / 영화를.

④ 우리는 / 영화 보러 간다.
We go to the movies.
Let's | go | to the movies.
영화 보러 가자.

⑤ 우리는 / 낚시하러 간다.
We go fishing.
Let's | go | fishing.
낚시하러 가자.

⑥ 우리는 / 간다 / 공원에.
We go to the park.
Let's | go | to the park.
가자 / 공원에. ➡ to는 "~로"라는 의미로, 방향을 나타내는 말이에요.

⑦ 우리는 / 방문한다 / 박물관을.
We visit the museum.
Let's | visit | the museum.
방문하자 / 박물관을.

⑧ 우리는 / 걸어간다 / 도서관에.
We walk to the library.
Let's | walk | to the library.
걸어가자 / 도서관으로.

3단계

영작이 되면 이 영문법은 OK!

행복하세요.

① 앉아라.
| Sit | down.

② 여기에 앉아라.
Sit | down | here. ➡ '여기에', '이곳에'라는 뜻

③ (제발) 여기에 앉으세요.
Please sit down | here | .

④ (제발) 앉으세요.
Please sit down.

⑤ (제발) 일어서세요.
| Please | stand up.

⑥ 일어나라.
Stand | up | .

⑦ 일어서세요, (제발).
Stand | up, please.

⑧ 조용히 하세요, (제발).
Be quiet, | please | .

⑨ 조용히 해라.
Be | quiet.

⑩ 여기에서는 조용히 해라.
Be quiet here.

⑪ 행복하라.
Be | happy.

⑫ 행복하세요, (제발).
Be | happy, please.

확인문제 ▶ 다음 문장을 명령문으로 바꿔 쓰세요.

1. You sit down. → Sit down.

2. You are quiet. → Be quiet.

3단계

화요일에 수영하러 가자.

영작이 되면 이 영문법은 OK!

① 박물관을 방문하자. [Let's] visit the museum.

② 도서관을 방문하자. Let's [visit] the library.

③ 금요일에 도서관을 방문하자. Let's visit the [library] on Friday.

④ 금요일에 도서관에 가자. [Let's] go to the library [on] [Friday] .

⑤ 지금 도서관에 가자. [Let's] [go] [to] [the] [library] [now] .

⑥ 지금 공원에 가자. Let's go to the park [now] .

⑦ 오후에 공원에 가자. [Let's] [go] [to the] [park] [in the afternoon].

⑧ 오후에 만나자. [Let's] [meet] [in] [the] [afternoon] .

⑨ 내일 만나자. [Let's] [meet] tomorrow.

⑩ 내일 낚시하러 가자. Let's go fishing tomorrow.

⑪ 화요일에 낚시하러 가자. [Let's] go fishing on Tuesday.

⑫ 화요일에 수영하러 가자. Let's go swimming on Tuesday.

확인문제

▶ 괄호 안에서 앞맞은 말을 고르세요.

1. Let's (are / be) quiet.
2. Let's (go / goes) to the park.
3. (Let / Let's) eat lunch.
4. Let's (open / opening) the window.

2단계

쓰다 보면 문법이 쉬워!

지금 영화를 보자.

① 타자 / 버스를. [Let's] take a bus.

② 타자 / 지하철을. Let's [take] a subway.

③ 타자 / 지하철을 / 지금. Let's take [a] [subway] [now] .

④ 보자 / 영화를 / 지금. Let's [watch] [a] movie [now] .

⑤ 보자 / 영화를 / 오전에. Let's [watch] [a] movie [in the morning] .

⑥ 만나자 / 오전에. Let's meet [in] [the] [morning] .

⑦ 만나자 / 2시에. Let's meet at 2:00.

⑧ 영화 보러 가자 / 2시에. [Let's] [go] [to the movies at 2:00.

⑨ 영화 보러 가자 / 일요일에. Let's [go] [to] [the] [movies] [on Sunday] .

⑩ 가자 / 박물관에 / 일요일에. Let's go to the museum on Sunday.

꿀팁 take의 다양한 뜻

동사 take는 뒤에 오는 말에 따라 여러 가지 뜻이 있어요.
take a nap: 낮잠을 자다
take a rest: 쉬다, 휴식한다
take a bus/taxi/subway
버스/택시/지하철을 타다

내가 하는 문법 정리

▶ 우리말과 일치하도록 빈칸에 알맞은 말을 쓰세요.

1. 여기서 만나자. Let's [meet] here.
2. 버스를 타자. Let's [take] a bus.

07 시험에는 이렇게 나온다

01~06과 복습

맞힌 개수 /25개

1. 다음 동사를 -ing형으로 바꾸세요.

1) play → <u>playing</u>　　2) sit → <u>sitting</u>

3) lie → <u>lying</u>　　4) dance → <u>dancing</u>

[2~4] 밑줄 친 부분을 줄임말로 바꿔 쓰세요.

2. <u>I am</u> watching TV. → <u>I'm</u>

3. <u>You are</u> helping him. → <u>You're</u>

4. He <u>is</u> visiting the museum. → <u>He's</u>

[5~6] 다음 질문에 대한 대답을 완성하세요.

무엇을 하고 있나요?

5. The panda <u>is</u> <u>sleeping</u>.

6. She <u>is</u> <u>playing</u> the piano.

01~06과 복습

[7~10] 괄호 안에서 알맞은 말을 고르세요.

7. (Close / Closes) your eyes.

8. (Let / Let's) meet at 2:30.

9. They (don't / aren't) singing now.

10. Please (open / opening) the window.

[11~13] 빈칸에 알맞은 말을 고르세요.

11. Mia is _____.

① runs　② run　③ running

12. Let's _____ to the park.

① go　② goes　③ going

13. _____ up, please.

① Stand　② Standing　③ Stands

[14~15] 그림을 보고 맞는 문장을 고르세요.

14.

| Mia is buying a cake. | (　　) |
| Mia is not buying a cake. | (O) |

15.

| The baby is crying. | (O) |
| The baby is not crying. | (　　) |

[16~18] 밑줄 친 부분을 바르게 고쳐 쓰세요.

16. Please is quiet.　➡　__be__

17. We are help them.　➡　__helping__

18. I not am washing my face.　➡　__am not__

[19~20] 다음 문장을 '~하고 있지 않다'는 의미의 문장으로 바꿔 쓰세요.

19. We are swimming.　➡　__We are not swimming.__

20. She is walking.　➡　__She is not walking.__

[21~23] 우리말과 일치하도록 괄호 안의 단어를 바르게 배열하세요.

21. 우리는 아침을 먹고 있다.　(eating / are / breakfast / We)

　➡　__We are eating breakfast.__

22. 여기에 앉아라.　(down / here / Sit)

　➡　__Sit down here.__

23. 영화 보러 가자.　(to the movies / go / Let's)

　➡　__Let's go to the movies.__

[24~25] 그림을 보고 질문에 알맞은 대답을 쓰세요.

24.

A: Is he listening to music?

B: No __＿＿__ , he __＿isn't＿__ .

25.

A: Are they playing soccer?

B: Yes __＿＿__ , they __＿are＿__ .

단계 1 — 비교하면 단어가 보여!

그들은 슬펐다.

① 나는 ~이다 / 유튜버.
I am a YouTuber.
I [was] a YouTuber.
나는 ~였다 / 유튜버.

② 우리는 ~이다 / 프로그래머들.
We are programmers.
We [were] programmers.
우리는 ~였다 / 프로그래머들.

③ 나는 ~이다 / 치과 의사.
You are a dentist.
You [were] a dentist.
나는 ~였다 / 치과 의사.

④ 너희들은 ~이다 / 의사들.
You are doctors.
You [were] doctors.
너희들은 ~였다 / 의사들.

⑤ 그는 ~이다 / 행복한.
He is happy.
He [was] happy.
그는 ~였다 / 행복한.

⑥ 그들은 ~이다 / 슬픈.
They are sad.
They [were] sad.
그들은 ~였다 / 슬픈.

⑦ 그녀는 있다 / 그녀의 침실에.
She is in her bedroom.
She [was] in her bedroom.
그녀는 있었다 / 그녀의 침실에.

⑧ 우리는 있다 / 그 방에.
We are in the room.
We [were] in the room.
우리는 있었다 / 그 방에.

그녀는 프로그래머였다.

단계 2 — 문법이 보이면 나도 써!

① 그는 ~였다 / 의사.
He [was] a doctor.

② 그는 ~였다 / 치과 의사.
He [was] a dentist.

③ 그들은 ~였다 / 치과 의사들.
They [were] [dentists] .

④ 우리는 ~였다 / 치과 의사들.
We [were] dentists.

⑤ 우리는 ~였다 / 파워 블로거들.
We [were] power bloggers.

⑥ 나의 부모님은 ~였다 / 파워 블로거들.
My parents [were] power bloggers.

⑦ 나는 ~였다 / 파워 블로거.
I [was] a power [blogger] .

⑧ 나는 ~였다 / 프로그래머.
I was a [programmer] .

⑨ 그녀는 ~였다 / 프로그래머.
She [was] a programmer.

⑩ 너희들은 ~였다 / 프로그래머들.
You were programmers.

> 포인트 콕 **was/were의 2가지 뜻**
> 1. ~였다: 직업이나 감정이나 가족 관계 등을 나타내거나 감정이나 상태를 나타내요.
> He was a gamer. 그는 게이머였다.
> They were happy. 그들은 행복했다.
> 2. 있었다: 어떤 위치나 장소에 있었던 상황을 나타내요.
> We were in the library. 우리는 도서관에 있었다.
> It was on the table. 그것은 탁자 위에 있었다.

내가 하는 문법 정리!
다음 be동사의 과거형을 찾아 선으로 연결하세요.
1. am — was
2. are — were
3. is —

13

45쪽

1단계

그녀는 박물관에 있지 않았다.

① 나는 ~였다 / 치과 의사.
I was a dentist.
I was not a dentist.
나는 ~이 아니었다 / 치과 의사.

② 우리는 ~였다 / 걱정하는.
We were worried.
We were not worried.
우리는 ~지 않았다 / 걱정하는.

③ 당신은 ~였다 / 피곤한.
You were tired.
You were not tired.
당신은 ~지 않았다 / 피곤한.

④ 그들은 ~였다 / 신이 난.
They were excited.
They were not excited.
그들은 ~지 않았다 / 신이 난.

⑤ 그녀는 / 있었다 / 박물관에.
She was in the museum.
She was not in the museum. 그녀는 / 있지 않았다 / 박물관에.

⑥ 그들은 / 있었다 / 공원에.
They were in the park.
They were not in the park. 그들은 / ~지 않았다 / 공원에.

⑦ 그는 / 있었다 / 그의 방에.
He was in his room.
He was not in his room. 그는 / 있지 않았다 / 그의 방에.

⑧ 그것은 / 있었다 / 상자 옆에.
It was next to the box.
It was not next to the box. 그것은 / 있지 않았다 / 상자 옆에.

비교하면 단어 보여!

43쪽

3단계

복습 실전

영작이 되면 이 영문법은 OK!

나는 그녀의 침실에 있었다.

① 그들은 행복했다.
They were happy.

② 리암과 잭은 행복했다.
Liam and Jack were happy.

③ 리암은 행복했다.
Liam was happy .

④ 리암은 슬펐다.
Liam was sad.

⑤ 그는 슬펐다.
He was sad .

⑥ 그는 도서관에 있었다.
He was in the library.

⑦ 우리는 도서관에 있었다.
We were in the library.

⑧ 미아와 나는 도서관에 있었다.
Mia and I were in the library.

⑨ 미아와 나는 그 방에 있었다.
Mia and I were in the room.

⑩ 미아는 그 방에 있었다.
Mia was in the room.

⑪ 미아는 그녀의 침실에 있었다.
Mia was in her bedroom.

⑫ 나는 그녀의 침실에 있었다.
I was in her bedroom.

▶ 괄호 안에서 알맞은 말을 고르세요.

1. (They / I) was hungry.　　2. He (were / was) angry.

3. She (was / were) in the park.　　4. You (was / were) programmers.

확인 문제

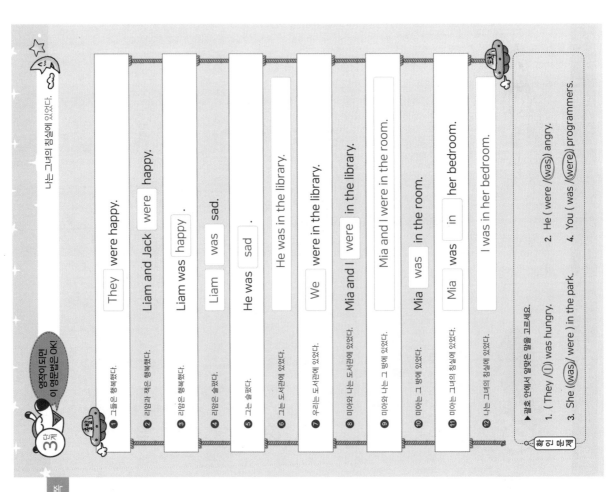

2단계 문법 부분 쓰며 히어!

나는 프로그래머가 아니었다.

❶ 나는 / ~아니었다 / 프로그래머.
I was [not] a programmer.

❷ 그는 / ~아니었다 / 프로그래머.
He was [not] a [programmer] .

❸ 그들은 / ~아니었다 / 프로그래머들.
[They were] [not] programmers.

❹ 그들은 / ~아니었다 / 파워 블로거들.
They were [not] power bloggers.

❺ 그녀는 / ~아니었다 / 파워 블로거.
She [was] [not] a power blogger.

❻ 그녀는 / ~아니었다 / 치과 의사.
She [was not] a dentist.

❼ 당신은 / ~아니었다 / 치과 의사.
[You were not(weren't) a dentist.]

❽ 당신은 / 있지 않았다 / 공원에.
You were [not] in the park.

❾ 나는 / 있지 않았다 / 공원에.
I [was] [not] in the park.

❿ 우리는 / 있지 않았다 / 공원에.
[We were not(weren't) in the park.]

사람을 의미하는 -er
programmer나 power blogger처럼 영어 단어 끝에 -er이 붙으면 사람을 뜻하는 경우가 많아요.
dancer 춤추는 사람
player 운동 선수
swimmer 수영 선수

▶ 내가 하는 문법 정리!
다음을 줄임말로 쓰세요.
1. was not [wasn't]
2. were not [weren't]

3단계 영작이 되면 이 영문법은 OK!

그것들은 상자 위에 있지 않았다.

❶ 그는 피곤하지 않았다.
He was [not] tired.

❷ 우리는 피곤하지 않았다.
We were not [tired] .

❸ 우리는 신이 나지 않았다.
We [were] [not] excited.

❹ 너희들은 신이 나지 않았다.
You were not(weren't) excited.

❺ 나는 신이 나지 않았다.
I was [not] [excited] .

❻ 나는 걱정하지 않았다.
I [was] not worried.

❼ 그녀는 걱정하지 않았다.
She was [not] worried .

❽ 그녀는 그녀의 방에 있지 않았다.
She was not [in] her room.

❾ 그것은 그 방에 있지 않았다.
It [was] [not] in the room.

❿ 그것은 상자 안에 있지 않았다.
It was not(wasn't) in the box.

⓫ 그것들은 상자 안에 있지 않았다.
They were [not] in the box.

⓬ 그것들은 상자 위에 있지 않았다.
They were not(weren't) on the box.

확인문제
▶ 우리말과 일치하도록 빈칸에 알맞은 말을 쓰세요.
1. 나는 유튜버가 아니었다. → I was not(wasn't) a YouTuber.
2. 그들은 공원에 있지 않았다. → They were not(weren't) in the park.

그들은 도서관에 있었니?

2단계 쌓다 보면 문장이 보여!

① ~였니 / 너는 / 경찰?
Were you a police officer?
응, 나는 그랬어.
Yes, I was .

② ~였니 / 그들은 / 경찰들?
Were they police officers?
아니, 그들은 아니었어.
No , they weren't.

③ 있었니 / 그들은 / 도서관에?
Were they in the library?
응, 그들은 있었어.
Yes , they were .

④ 있었니 / 그 학생은 / 도서관에?
Was the student in the library ?
아니, 그(그녀)는 안 있었어.
No , he(she) wasn't.
→ 남학생이면 he, 여학생이면 she로 받아 답해요.

⑤ 있었니 / 그 학생은 / 교실에?
Was the student in the classroom?
응, 그(그녀)는 있었어.
Yes, he(she) was .

⑥ 있었니 / 그 소년은 / 교실에?
Was the boy in the classroom?
아니, 그는 안 있었어.
No, he wasn't .

⑦ 있었니 / 그 소년들은 / 교실에?
Were the boys in the classroom ?
응, 그들은 있었어.
Yes, they were .

⑧ ~였니 / 그 소년들은 / 화가 난?
Were the boys angry?
아니, 그들은 안 그랬어.
No, they weren't .

⑨ ~였니 / 그 판다들은 / 화가 난?
Were the pandas angry ?
응, 그것들은 그랬어.
Yes, they were .

⑩ ~였니 / 그 판다들은 / 신이 난?
Were the pandas excited?
아니, 그것들은 안 그랬어.
No , they weren't.

10 | 그녀는 유튜버였니? Was she a YouTuber?

1단계 비교하면 단어가 보여!

너는 유튜버였니?

① 너는 / ~였다 / 유튜버.
You were a YouTuber.
Were you a YouTuber?
~였니 / 너는 / 유튜버?

② 응, 나는 그랬어.
Yes , I was.
No, I wasn't.
아니, 나는 아니었어.
→ wasn't는 was not의 줄임말.

③ 그녀는 / 있었다 / 그녀의 침실에.
She was in her bedroom.
Was she in her bedroom ?
있었니 / 그녀는 / 그녀의 침실에?

④ 응, 그녀는 있었어.
Yes, she was.
No , she wasn't .
아니, 그녀는 안 있었어.

⑤ 그들은 / ~였다 / 훌륭한 소녀들.
They were good girls.
Were they good girls ?
~였니 / 그들은 / 훌륭한 소녀들?

⑥ 응, 그들은 그랬어.
Yes, they were .
No , they weren't.
아니, 그들은 아니었어.
→ weren't는 were not의 줄임말.

⑦ 그 판다는 / ~였다 / 졸린.
The panda was sleepy.
Was the panda sleepy?
~였니 / 그 판다는 / 졸린?

⑧ 응, 그것은 그랬어.
Yes , it was .
No, it wasn't.
아니, 그것은 안 그랬어.

11 | 그는 바이올린을 연주했다. He played the violin.

1단계

비교하면 답이 보여!

너는 미술을 공부했다.

① 나는 / 연주한다 / 바이올린을.
I play the violin.
I played the violin.
나는 / 연주했다 / 바이올린을.

② 우리는 / 한다 / 농구를.
We play basketball.
We [played] basketball.
→ play는 -y로 끝나지만 y 앞에 자음이 아닌 모음 a가 있기 때문에 그냥 -ed를 붙여요.
모음은 a, e, i, o, u
우리는 / 했다 / 농구를.

③ 나는 / 공부한다 / 미술을.
You study art.
You [studied] art.
너는 / 공부했다 / 미술을.

④ 그 아기들은 / 운다.
The babies cry.
The babies [cried] .
그 아기들은 / 울었다.

⑤ 그는 / 좋아한다 / 음악을.
He likes music.
He [liked] music.
그는 / 좋아했다 / 음악을.

⑥ 그들은 / 듣는다 / 음악을.
They listen to music.
They [listened] to music.
그들은 / 들었다 / 음악을.

⑦ 그들은 / 연다 / 가게를.
They open the store.
They [opened] the store.
그들은 / 열었다 / 가게를.

⑧ 그녀는 / 닫는다 / 그녀의 가게를.
She closes her store.
She [closed] her store.
그녀는 / 닫았다 / 그녀의 가게를.

3단계

영작이 되면 이 유닛빛은 OK!

너는 박물관에 있었니?

❶ 그 원숭이들은 졸렸니? [Were] the monkeys sleepy?

❷ 그 원숭이는 졸렸니? Was the monkey [sleepy] ?

❸ 그 개는 졸렸니? Was the dog sleepy?

❹ 그 개가 네 애완동물이었니? [Was] the dog your pet?

❺ 그것이 네 애완동물이었니? Was it [your] [pet] ?

❻ 그것은 좋은 애완동물이었니? Was [it] a good pet?

❼ 그녀는 좋은 학생이었니? Was [she] a [good] student?

❽ 리암과 미아는 좋은 학생들이었니? [Were] Liam and Mia [good] students?

❾ 리암과 미아는 공원에 있었니? Were [Liam] [and] [Mia] in the park?

❿ 그들은 공원에 있었니? Were they [in] [the] [park] ?

⓫ 그들은 박물관에 있었니? Were [they] in the museum?

⓬ 너는 박물관에 있었니? Were you in the museum?

▶ 다음 대화의 빈칸에 알맞은 말을 쓰세요.

1. A: [Were] you tired? B: [Yes] , we were.

2. A: Was [he] a good boy? B: No, he wasn't .

확인문제

54쪽

2단계 — 쓰면서 문장 암기해!

우리는 그 가게를 열었다.

1. 우리는 / 열었다 / 그 가게를.
   We [opened] the store.

2. 우리는 / 열었다 / 그 가게를 / 어제.
   We [opened the] store [yesterday].

3. 그는 / 열었다 / 그 가게를 / 어제.
   He [opened] the store [yesterday].

4. 그는 / 닫았다 / 그 가게를 / 어제.
   He closed the [store] [yesterday].

5. 그들은 / 닫았다 / 그 가게를 / 어제.
   They [closed] the store [yesterday].

6. 그들은 / 공부했다 / 역사를 / 어제.
   They [studied history yesterday].

7. 그들은 / 공부했다 / 미술을.
   They [studied] [art].

8. 나는 / 공부했다 / 미술을.
   [I studied art.]

9. 나는 / 울었다.
   I [cried.]

10. 그 아기들은 / 울었다.
    The babies [cried] .

▶ yesterday
'어제'라는 뜻의 yesterday는 이미 지난 시간이니까 항상 과거를 나타내는 -ed형 동사와 함께 써요.

내가 하는 문법 정리

A B ▶ 다음 동사의 -ed형을 쓰세요.

1. like — liked
2. study — studied
3. listen — listened
4. cry — cried
5. close — closed

55쪽

3단계 — 영작이 되면 이 영문법은 OK!

너는 피아노를 연주했다.

① 잭은 농구를 했다.
Jack [played] basketball.

② 잭과 그의 친구들은 농구를 했다.
Jack and his friends played [basketball] .

③ 잭과 그의 친구들은 축구를 했다.
Jack and his friends [played] [soccer].

④ 그녀는 축구를 했다.
[She played soccer.]

⑤ 그녀는 바이올린을 연주했다.
She [played] [the violin.]

⑥ 에바의 언니는 바이올린을 연주했다.
Ava's sister played [the] [violin] .

⑦ 에바의 언니는 음악을 연주했다.
[Ava's] [sister] [played music.]

⑧ 에바는 음악을 연주했다.
[Ava played music.]

⑨ 에바는 음악을 들었다.
Ava [listened] [to music.]

⑩ 너는 음악을 들었다.
[You] [listened] [to] [music] .

⑪ 에바의 오빠는 피아노를 연주했다.
Ava's brother [played] [the piano.]

⑫ 너는 피아노를 연주했다.
[You played the piano.]

확인문제

▶ 괄호 안에서 알맞은 말을 고르세요.

1. The babies (cried / cries).
2. You (studied / studyed) history.
3. We (plaied / played) basketball.
4. He (closed / closed) the store.

18

12 | 나는 아침을 먹었다. I ate breakfast.

1단계
비교하면 단어가 보여!

우리는 책들을 샀다.

1 나는 / 먹는다 / 아침을
I eat breakfast.
I [ate] breakfast.
나는 / 먹었다 / 아침을.

2 우리는 / 산다 / 책들을
We buy books.
We [bought] books.
우리는 / 샀다 / 책들을.

3 나는 / 한다 / 네 숙제를
You do your homework.
You [did] your homework.
너는 / 했다 / 네 숙제를.

4 잭과 미아는 / 수영하러 간다.
Jack and Mia go swimming.
Jack and Mia [went] swimming.
잭과 미아는 / 수영하러 갔다.

5 그는 / 먹는다 / 저녁을 / 7시에.
He has dinner at 7:00.
He [had] dinner at 7:00.
그는 / 먹었다 / 저녁을 / 7시에.
→ have에는 '먹다'라는 뜻도 있어요.

6 그들은 / 만든다 / 케이크를.
They make a cake.
They [made] a cake.
그들은 / 만들었다 / 케이크를.

7 그녀는 / 수영한다 / 수영장에서.
She swims in the pool.
She [swam] in the pool.
그녀는 / 수영했다 / 수영장에서.

8 리암은 / 탄다 / 지하철을.
Liam takes a subway.
Liam [took] a subway.
리암은 / 탔다 / 지하철을.

2단계
쓰다 보면 문법이 보여!

1 나는 / 산책했다.
I [took] a walk.

2 우리는 / 산책했다.
We [took] [a] [walk] .

3 우리는 / 탔다 / 지하철을.
We [took] a subway.

4 그는 / 탔다 / 지하철을.
He took a subway.

5 그는 / 수영했다.
He [swam].

6 그는 / 수영했다 / 어제.
He [swam] yesterday.

7 그는 / 수영하러 갔다 / 어제.
He went [swimming] [yesterday].

8 그녀는 / 수영하러 갔다 / 어제.
She [went] [swimming yesterday].

9 그녀는 / 샀다 / 케이크를 / 어제.
She bought a cake [yesterday] .

10 그들은 / 샀다 / 케이크를 / 어제.
They bought a cake yesterday.

take 그림tip
산책을 하거나, 낮잠을 잘 때도 동사 take를 써요.
take a walk 산책하다
take a nap 낮잠 자다

우리는 지하철을 탔다.

내가 하는 문법 정리!
▶ 다음 동사의 과거형을 찾아 선으로 연결하세요.

A	B
1. go	did
2. have	had
3. do	took
4. take	went

13 | 나는 낚시하러 가지 않았다. I didn't go fishing.

1단계 비교하면 단어만 OK!

너는 낚시하러 가지 않았다.

did 어디든 줄임말로 나타내면 돼.

① 그는 / 공부했다 / 역사를.
He studied history.
He **didn't** study history.
그는 / 공부하지 않았다 / 역사를.

② 나는 / 낚시하러 갔다.
I went fishing.
I **didn't** go fishing.
나는 / 낚시하러 가지 않았다.

③ 너는 / 컬링하러 갔다.
You went curling.
You **didn't** go curling.
너는 / 컬링하러 가지 않았다.

④ 우리는 / 먹었다 / 아침을.
We ate breakfast.
We **didn't** eat breakfast.
우리는 / 먹지 않았다 / 아침을.

⑤ 그녀는 / 들었다 / 음악을.
She listened to music.
She **didn't** listen to music.
그녀는 / 듣지 않았다 / 음악을.

⑥ 그들은 / 만났다 / 공원에서.
They met at the park.
They **didn't** meet at the park.
그들은 / 만나지 않았다 / 공원에서.

⑦ 잭은 / 방문했다 / 그 장소를.
Jack visited the place.
Jack **didn't** visit the place.
잭은 / 방문하지 않았다 / 그 장소를.

⑧ 미아는 / 탔다 / 택시를.
Mia took a taxi.
Mia **didn't** take a taxi.
미아는 / 타지 않았다 / 택시를.

3단계 영작이 되면 이 영문법은 OK!

그들은 산책했다.

① 미아는 7시 30분에 아침을 먹었다. Mia ate breakfast **at** 7:30.
② 너는 7시 30분에 아침을 먹었다. You **ate** breakfast at 7:30.
③ 너는 아침을 먹었다. You ate breakfast.
④ 너는 네 숙제를 했다. You did **your** **homework** .
⑤ 나는 네 숙제를 했다. **I** **did** my homework.
⑥ 나는 케이크를 만들었다. I made **a** **cake** .
⑦ 나는 12시에 케이크를 만들었다. I **made** a cake at 12:00.
⑧ 나는 12시에 점심을 먹었다. I **had** **lunch** at 12:00.

have(had) = eat(ate): 먹다(먹었다) 두 단어 모두 '먹다'라는 의미로, 서로 바꿔 쓸 수 있어요.

⑨ 그들은 12시에 점심을 먹었다. They had(ate) lunch at 12:00.
⑩ 그들은 12시에 낮잠을 잤다. They **took** a nap at 12:00.
⑪ 그들은 낮잠을 잤다 They **took** **a** **nap** .
⑫ 그들은 산책했다. They took a walk.

▶ 우리말과 일치하도록 괄호 안의 단어를 알맞은 형태로 바꿔 쓰세요.

1. 그녀는 가방을 샀다. → She **bought** a bag. (buy)
2. 우리는 저녁을 먹었다. → We **ate** dinner. (eat)

확인문제

단계 3

영작이 되면 이 영문법은 OK!

그녀는 역사를 공부하지 않았다.

did not은 줄임말 didn't로 써 보세요.

① 그는 그녀를 공원에서 만나지 않았다. He [didn't] meet her at the park.
→ at는 '장소' 앞에 써~ -에서라는 뜻 / 예) at the park,

② 우리는 그녀를 공원에서 만나지 않았다. We didn't [meet] [her] at the park.

③ 우리는 택시를 타지 않았다. [We] didn't take a taxi.

④ 나의 할아버지는 택시를 타지 않았다. My grandpa didn't [take] [a] [taxi] .

⑤ 나의 할아버지는 지하철을 타지 않았다. [My] grandpa didn't take a subway.

⑥ 그들은 지하철을 타지 않았다. They didn't take a subway.

⑦ 그들은 점심을 먹지 않았다. They didn't eat [lunch] .

⑧ 그는 점심을 먹지 않았다. He [didn't] eat lunch.

⑨ 그는 음악을 듣지 않았다. He [didn't] listen [to] music.

⑩ 너는 음악을 듣지 않았다. You didn't listen to music.

⑪ 너는 역사를 공부하지 않았다. You [didn't] study history.

⑫ 그녀는 역사를 공부하지 않았다. She didn't study history.

확인문제

▶ 괄호 안에서 알맞은 말을 고르세요.

1. I ((didn't) / wasn't) study math.
2. We (weren't / (didn't)) have dinner.
3. Liam didn't ((go)) swimming.
4. He (don't / (didn't)) visit me yesterday.

단계 2

문법이 쑥쑥!

그는 기타를 치지 않았다.

did not = didn't

did not은 줄임말 didn't로 써 보세요.

쉽게 외워요! not에서 o가 튀어나간 대신 '(어퍼스트로피)가 박혔어요.

가족을 나타내는 단어
패밀리 단어에는 주로 부를 때 쓰는 표현으로 아이들이 많이 사용해요.
grandmother = grandma 할머니
grandfather = grandpa 할아버지
mother = mommy = mom 엄마
father = daddy = dad 아빠

① 나는 / 컬링하러 가지 않았다.
I [didn't] go curling.

② 나의 누나는 / 컬링하러 가지 않았다.
My sister didn't [go] [curling] .

③ 나의 누나는 / 치지 않았다 / 기타를.
My [sister] didn't play the guitar.

④ 그는 / 치지 않았다 / 기타를.
He didn't [play] [the] [guitar] .

⑤ 그는 / 방문하지 않았다 / 그의 할머니를.
He [didn't] visit his grandma.

⑥ 리암은 / 방문하지 않았다 / 그의 할머니를.
Liam didn't [visit] [his] [grandma] .

⑦ 리암은 / 방문하지 않았다 / 그 장소를.
Liam [didn't] [visit] the place.

⑧ 우리는 / 방문하지 않았다 / 그 장소를.
We didn't visit the place.

⑨ 우리는 / 낚시하러 가지 않았다.
We [didn't] [go] go fishing.

⑩ 나는 / 낚시하러 가지 않았다.
I didn't go fishing.

2단계 꼼꼼히 읽어 보자!

그는 그 선생님을 만났니?

❶ ~했니 / 그는 / 만나다 / 그 선생님을?
[Did] [he] meet the teacher?
응. / 그는 했어. Yes, he [did] .
아니. / 그는 안 했어. No , he didn't .

❷ ~했니 / 그는 / 만나다 / 너를?
Did he [meet] you?

❸ ~했니 / 그들은 / 방문하다 / 너를?
Did they visit [you] ?
응. / 그들은 했어. Yes , they did.

❹ ~했니 / 그들은 / 방문하다 / 그녀를?
Did [they] [visit] her?
아니. / 그들은 안 했어. No, they [didn't] .

❺ ~했니 / 그들은 / 가다 / 그녀와 함께?
Did [they] [go with] [her] ?
응. / 그들은 했어. Yes, they [did] .

❻ ~했니 / 너는 / 가다 / 그녀와 함께?
Did [you] [go] with her?
아니. / 나는 안 했어. No , I didn't .

❼ ~했니 / 너는 / 쇼핑하러 가다 / 그녀와 함께?
Did [you go shopping with] [her] ?
응. / 나는 했어. Yes , I did.

❽ ~했니 / 너는 / 쇼핑하러 가다?
Did you [go] [shopping] ?
아니. / 나는 안 했어. No, I [didn't] .

❾ ~했니 / 너는 / 즐기다 / 쇼핑을?
Did [you] [enjoy shopping] ?
응. / 나는 했어. Yes, I [did] .

❿ ~했니 / 그녀는 / 즐기다 / 쇼핑을?
Did she enjoy shopping?
아니. / 그녀는 안 했어. No, she [didn't] .

---

14 | 너는 그를 만났니? Did you meet him?

1단계 비교하며 읽어 보자!

그는 그녀와 함께 저녁을 먹었니?

❶ 너는 / 갔다 / 그와 함께.
You went with him.
[Did] [you go with him] ?
~했니 / 너는 / 가다 / 그와 함께?

❷ 응. / 나는 했어.
Yes, I did.
[No] , I didn't.
아니. / 나는 안 했어.

❸ 그는 / 먹었다 / 저녁을 / 그녀와 함께.
He had dinner with her.
[Did] [he have dinner with her] ?
~했니 / 그는 / 먹다 / 저녁을 / 그녀와 함께?

❹ 응. / 그는 했어.
Yes, he [did] .
No, [he] [didn't] .
아니. / 그는 안 했어.

❺ 그녀는 / 만났다 / 그들을.
She met them.
[Did] [she meet them] ?
~했니 / 그녀는 / 만나다 / 그들을?

❻ 응. / 그녀는 했어.
[Yes] , she did.
No, she [didn't] .
아니. / 그녀는 안 했어.

❼ 그 소년들은 / 방문했다 / 그 장소를.
The boys visited the place.
[Did] [the boys visit the place] ?
~했니 / 그 소년들은 / 방문하다 / 그 장소를?

❽ 응. / 그들은 했어.
[Yes] , they did.
No, they [didn't] .
아니. / 그들은 안 했어.

15 시험에는 이렇게 나온다

08~14과 복습

맞힌 개수 /25개

1. 다음 동사의 과거형을 쓰세요.

1) are → were
2) study → studied
3) go → went
4) eat → ate
5) have → had
6) close → closed

[2~4] 괄호 안의 동사를 과거형으로 바꿔 쓰세요.

2. We swam yesterday. (swim)

3. I met him last Sunday. (meet)

4. He bought a book last week. (buy)

[5~6] 다음 질문에 대한 대답을 완성하세요.

어제 무엇을 했나요?

5. She took a nap yesterday.

6. He did his homework yesterday.

3단계
외장이 되면 이 영문법은 OK!

그들은 어제 그림들이 숙제를 했니?

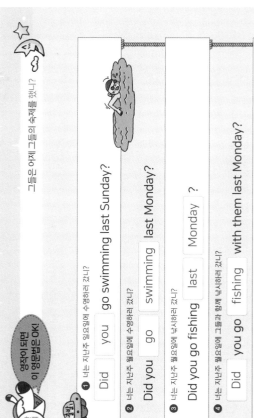

① 너는 지난주 일요일에 수영하러 갔니?
Did you go swimming last Sunday?

② 너는 지난주 월요일에 수영하러 갔니?
Did you go swimming last Monday?

③ 너는 지난주 월요일에 낚시하러 갔니?
Did you go fishing last Monday?

④ 너는 지난주 월요일에 그들과 함께 낚시하러 갔니?
Did you go fishing with them last Monday?

⑤ 너는 지난주에 그들과 함께 점심을 먹었니?
Did you have lunch with them last week?

⑥ 그는 지난주에 그들과 함께 점심을 먹었니?
Did he have lunch with them last week?

⑦ 그는 지난주에 많이 울었니?
Did he cry a lot last week?

⑧ 그는 많이 울었니?
Did he cry a lot?

⑨ 그는 그의 숙제를 했니?
Did he do his homework?

⑩ 그들은 그들의 숙제를 했니?
Did they do their homework?

⑪ 그들은 어제 그들의 숙제를 했니?
Did they do their homework yesterday?

23

[13~14] 우리말과 일치하도록 빈칸에 알맞은 말을 쓰세요.

13. 너는 어제 박물관에 있었니?
→ __Were__ you in the museum yesterday?

14. 그들은 산책하지 않았다.
→ They ___ didn't ___ take a walk.

[15~17] 빈칸에 알맞지 않은 말을 고르세요.

15. _____ was worried.
① I   ② He   ③ You

16. She didn't _____ a cake.
① have   ② eat   ③ bought

17. We played baseball _____.
① tomorrow   ② yesterday   ③ last week

[18~19] 괄호 안에서 알맞은 말을 고르세요

18. Mia (didn't / (wasn't)) happy.

19. Liam ((didn't) / doesn't) go to the park last Sunday.

24

[7~9] 빈칸에 알맞은 말을 고르세요.

7. _____ you tired yesterday?
① Are   ② Was   ③ Were

8. _____ they take a taxi?
① Are   ② Did   ③ Were

9. Did she _____ him?
① meet   ② meets   ③ met

[10~12] 밑줄 친 부분을 바르게 고쳐 쓰세요.

10. We wasn't sleepy.
→ weren't (were not)

11. Mom didn't made a pizza.
→ make

12. Does he went fishing last week?
→ Did he go

73쪽

비교하면 단어가 보여!

단계 1

우리는 뉴욕시를 방문할 것이다.

① 나는 / 간다 / 런던에.
I go to London.

I [will] [go] to London.
나는 / 갈 것이다 / 런던에.

② 우리는 / 방문한다 / 뉴욕시를.
We visit New York City.

We [will] [visit] New York City.
우리는 / 방문할 것이다 / 뉴욕시를.

③ 너는 / 배운다 / 중국어를.
You learn Chinese.

You [will] [learn] Chinese.
너는 / 배울 것이다 / 중국어를.

④ 그는 / 공부한다 / 한국어를.
He studies Korean.

He [will] [study] Korean.
그는 / 공부할 것이다 / 한국어를.

⑤ 그녀는 / 여행한다 / 중국에서.
She travels in China.

She [will] [travel] in China.
그녀는 / 여행할 것이다 / 중국에서.

⑥ 그들은 / 산다 / 한국에서.
They live in Korea.

They [will] [live] in Korea.
그들은 / 살 것이다 / 한국에서.

⑦ 스미스 씨는 / 산다 / 차를.
Mr. Smith buys a car.

Mr. Smith [will] [buy] a car.
스미스 씨는 / 살 것이다 / 차를.

⑧ 브라운 씨는 / 짓는다 / 집을.
Ms. Brown builds a house.
→ 여자의 성 성명 앞에 붙여요.

Ms. Brown [will] [build] a
house. 브라운 씨는 / 지을 것이다 / 집을.

71쪽

복습 08~14과 복습

[20~21] 다음 문장을 물어보는 문장으로 바꿔 쓰세요.

20. He was a dentist.
→ ___Was he a dentist?___

21. You cried a lot.
→ ___Did you cry a lot?___

[22~23] 우리말과 일치하도록 괄호 안의 단어를 바르게 배열하세요.

22. 너는 잭과 점심을 먹었니? (lunch / you / Did / with Jack / have)
→ ___Did you have lunch with Jack?___

23. 그것은 상자 위에 있지 않았다. (was / It / on the box / not)
→ ___It was not on the box.___

[24~25] 그림을 보고 질문에 알맞은 대답을 쓰세요.

24. A: Did they go swimming?
B: No, they ___didn't___ .

25. A: Were you angry?
B: ___Yes___ , I ___was___ .

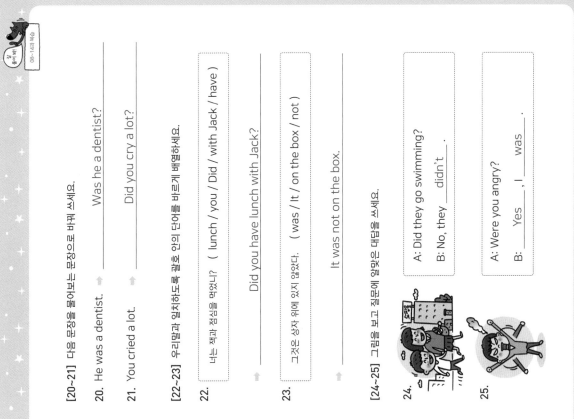

3단계

영작이 되면 이 영문법은 OK!

우리는 뉴욕시에서 살 것이다.

① 그들은 집을 지을 것이다.
They will build a house.

② 브라운 씨는 집을 지을 것이다.
Mr. Brown will build a house.

③ 브라운 씨는 집을 지을 것이다.
Mr. Brown will buy a house .

④ 브라운 씨는 차를 살 것이다.
Mr. Brown will buy a car.

⑤ 그들은 차를 살 것이다.
They will buy a car.

⑥ 그들은 런던을 방문할 것이다.
They will visit London.

⑦ 그녀는 런던을 방문할 것이다.
She will visit London .

⑧ 그녀는 서울을 방문할 것이다.
She will visit Seoul.

⑨ 그녀는 서울에 갈 것이다.
She will go to Seoul.

⑩ 그녀는 뉴욕시에 갈 것이다.
She will go to New York City.

⑪ 우리는 뉴욕시에 갈 것이다.
We will go to New York City.

⑫ 우리는 뉴욕시에서 살 것이다.
We will live in New York City.

확인 문제

▶ 괄호 안에서 알맞은 단어를 고르세요.
1. He will (buy / buys) a car.
2. I (am / will) go shopping.
3. They will (visit / visiting) us.
4. She (will / wills) live in China.

26

2단계

문법이랑 놀아보쌰!

리암은 한국어를 배울 것이다.

포인트

장소 앞에 쓰는 at과 in

'어떤 장소에/에서' 의 의미를 나타낼 때 공원이나 도서관 같은 좁은 장소 앞에는 at을 쓰고, 도시나 국가처럼 범위가 넓은 곳 앞에는 in을 써요.
at the library 도서관에서
in Seoul 서울에서
in Korea 한국에서

공원이나 도서관 같은 좁은 장소 앞에 in을 쓰면 그 장소의 '안에' 라는 의미를 나타내요.
in the library 도서관 안에서

① 그는 / 배울 것이다 / 한국어를.
He will learn Korean.

② 리암은 / 배울 것이다 / 한국어를.
Liam will learn Korean .

③ 리암은 / 배울 것이다 / 중국어를.
Liam will learn Chinese.

④ 리암은 / 공부할 것이다 / 중국어를.
Liam will study Chinese .

⑤ 나는 / 공부할 것이다 / 중국어를.
I will study Chinese.

⑥ 나는 / 여행할 것이다 / 중국에서.
I will travel in China.

⑦ 미아는 / 여행할 것이다 / 중국에서.
Mia will travel in China.

⑧ 미아는 / 여행할 것이다 / 한국에서.
Mia will travel in Korea .

⑨ 미아는 / 살 것이다 / 한국에서.
Mia will live in Korea.

⑩ 우리는 / 살 것이다 / 한국에서.
We will live in Korea.

내가 하는 문법 정리!

▶ 주어진 동사를 미래를 나타내는 말로 바꾸세요.
1. 나는 영어를 공부할 것이다.
I will study English. (study)

2. 너는 런던에 갈 것이다.
You will go to London. (go)

17 | 나는 베이징에 가지 않을 것이다. I will not go to Beijing.

단계 1 비교하며 문법이 저절로!

그는 중국어를 공부하지 않을 것이다. I will not go to Beijing.

①
나는 / 방문할 것이다 / 서울을.
I will visit Seoul.

I will **not** visit Seoul.
나는 / 방문하지 않을 것이다 / 서울을.

②
우리는 / 갈 것이다 / 베이징에.
We will go to Beijing.

We **won't** **go** to Beijing.
우리는 / 가지 않을 것이다 / 베이징에.

③
나는 / 배울 것이다 / 일본어를.
You will learn Japanese.

You **will** **not** **learn** Japanese.
너는 / 배우지 않을 것이다 / 일본어를.

④
그는 / 공부할 것이다 / 중국어를.
He will study Chinese.

He **won't** **study** Chinese.
그는 / 공부하지 않을 것이다 / 중국어를.

⑤
스미스 씨는 / 살 것이다 / 일본에서.
Mr. Smith will live in Japan.

Mr. Smith **will** **not** live in Japan.
스미스 씨는 / 살지 않을 것이다 / 일본에서.

⑥
브라운 씨는 / 여행할 것이다 / 한국에서.
Ms. Brown will travel in Korea.

Ms. Brown **won't** **travel** in Korea.
브라운 씨는 / 여행하지 않을 것이다 / 한국에서.

⑦
그녀는 / 지을 것이다 / 오두막집을.
She will build a cabin.

She **will** **not** build a cabin.
그녀는 / 짓지 않을 것이다 / 오두막집을.

⑧
그들은 / 살 것이다 / 컴퓨터를.
They will buy a computer.

They **won't** **buy** a computer.
그들은 / 사지 않을 것이다 / 컴퓨터를.

나는 일본에서 살지 않을 것이다.

단계 2 쓰다 보면 문법이 보여!

❶ 나는 / 살지 않을 것이다 / 일본에서.
I **will** **not** live in Japan.

❷ 우리는 / 살지 않을 것이다 / 일본에서.
We will not **live** in Japan.

❸ 우리는 / 살지 않을 것이다 / 중국에서.
We **will** **not** **live** in China.

❹ 우리는 / 여행하지 않을 것이다 / 중국에서.
We will not travel **in** **China** .

❺ 우리는 / 여행하지 않을 것이다 / 베이징에서.
We **will** **not** **travel** in Beijing.

❻ 우리는 / 방문하지 않을 것이다 / 베이징을.
We **will** **not** visit Beijing.

❼ 스미스 씨는 / 방문하지 않을 것이다 / 베이징을.
Mr. Smith **will** **not** **visit** Beijing.

❽ 스미스 씨는 / 방문하지 않을 것이다 / 서울을.
Mr. Smith **will** **not** visit Seoul.

❾ 스미스 씨는 / 가지 않을 것이다 / 서울에.
Mr. Smith **will** **not** go to Seoul.

❿ 그는 / 가지 않을 것이다 / 서울에.
He will not go to Seoul.

내가 하는 문법 정리!

▶ 밑줄 친 부분과 의미가 같도록 빈칸에 알맞은 말을 쓰세요.

1. She will not travel in China.
= She **won't** travel in China.

2. We won't live in Japan.
= We **will** **not** live in Japan.

27

18 | 너는 한국어를 공부할 거니? Will you study Korean?

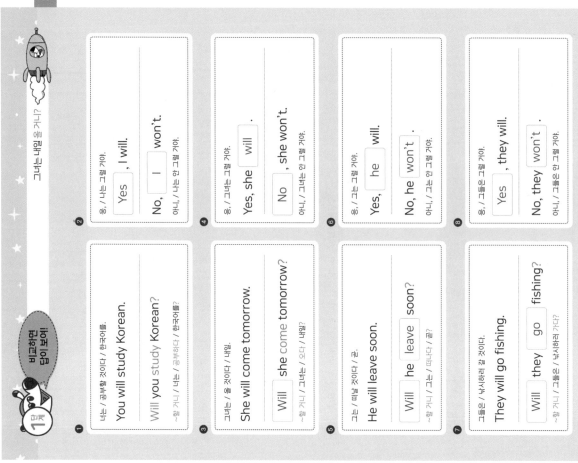

그녀는 내일 올 거니?

① 너는 / 공부할 것이다 / 한국어를.
You will study Korean.

Will you study Korean?
~할 거니 / 너는 / 공부하다 / 한국어를?

② 응 / 나는 그럴 거야.
Yes , I will .

No , I won't.
아니, 나는 안 그럴 거야.

③ 그녀는 / 올 것이다 / 내일.
She will come tomorrow.

Will she come tomorrow?
~할 거니 / 그녀는 / 오다 / 내일?

④ 응 / 그녀는 그럴 거야.
Yes, she will .

No , she won't.
아니, 그녀는 안 그럴 거야.

⑤ 그는 / 떠날 것이다 / 곧.
He will leave soon.

Will he leave soon?
~할 거니 / 그는 / 떠나다 / 곧?

⑥ 응 / 그는 그럴 거야.
Yes, he will.

No, he won't .
아니, 그는 안 그럴 거야.

⑦ 그들은 / 낚시하러 갈 것이다.
They will go fishing.

Will they go fishing?
~할 거니 / 그들은 / 낚시하러 가니?

⑧ 응 / 그들은 그럴 거야.
Yes , they will.

No, they won't .
아니, 그들은 안 그럴 거야.

3단계

우리는 내년에 집을 짓지 않을 것이다.

will not은 줄임말 won't로 써 주세요.

영작이 되면 이 영문법은 OK!

① 그는 일본어를 배우지 않을 것이다. He won't learn Japanese.

② 그들은 일본어를 배우지 않을 것이다. They won't learn Japanese.

③ 그들은 일본어를 공부하지 않을 것이다. They won't study Japanese .

④ 미아는 일본어를 공부하지 않을 것이다. Mia won't study Japanese.

⑤ 미아는 컴퓨터를 사지 않을 것이다. Mia won't buy a computer.

⑥ 그녀는 컴퓨터를 사지 않을 것이다. She won't buy a computer .

⑦ 그녀는 오두막집을 사지 않을 것이다. She won't buy a cabin.

⑧ 나는 오두막집을 사지 않을 것이다. I won't buy a cabin .

⑨ 나는 내년에 오두막집을 사지 않을 것이다. I won't buy a cabin next year.

⑩ 나는 내년에 오두막집을 짓지 않을 것이다. I won't build a cabin next year .

⑪ 우리는 내년에 오두막집을 짓지 않을 것이다. We won't build a cabin next year.

⑫ 우리는 내년에 집을 짓지 않을 것이다. We won't build a house next year

▲ 괄호 안의 단어를 바르게 배열하세요.

1. They will not visit China. (visit / not / will)

2. I will not buy a computer. (not / will / buy)

확인 문제

3단계 영작이되면 이 영문법은 OK!

너는 내일 영어를 공부할 거니?

오른쪽 빈칸에 알맞은 말을 넣어 대화를 완성해 보세요. Yes, I will. 또는 No, I won't.로 대답하면 정답.

① 너는 탁구를 칠 거니?
Will | you play table tennis?

No, I won't.

② 너는 내일 탁구를 칠 거니?
Will you | play | table | tennis | tomorrow?

③ 너는 내일 기타를 칠 거니?
Will you play the guitar tomorrow?

④ 너는 다음 주에 기타를 칠 거니?
Will | you | play the guitar | next | week | ?

⑤ 너는 다음 주에 할머니를 찾아 뵐 거니?
Will | you | visit | your | grandma | next week?

⑥ 너는 다음 달에 할머니를 찾아 뵐 거니?
Will | you | visit your grandma next month?

⑦ 너는 다음 달에 박물관을 방문할 거니?
Will you | visit | the museum | next | month | ?

⑧ 너는 다음 주 일요일에 박물관을 방문할 거니?
Will | you | visit the museum next Sunday?

⑨ 너는 다음 주 일요일에 영어를 공부할 거니?
Will you study English | next | Sunday | ?

⑩ 너는 내일 영어를 공부할 거니?
Will you study English tomorrow?

2단계 문장이 보여! 쓰다 보면

그는 곧 낚시하러 갈 거니?

① ~할 거니 / 너는 / 여기에?
Will | you | come here?
응, / 나는 그럴 거야.
Yes | , I will.

② ~할 거니 / 너는 / 오다 / 여기에 / 내일?
Will you | come | here tomorrow?
아니, / 나는 그럴 거야.
No, I | won't | .

③ ~할 거니 / 너는 / 떠나다 / 내일?
Will you leave | tomorrow | .
응, / 나는 그럴 거야.
Yes, | I | will | .

④ ~할 거니 / 그들은 / 떠나다 / 내일?
Will | they | leave | tomorrow?
아니, / 그들은 안 그럴 거야.
No | , they won't.

⑤ ~할 거니 / 그들은 / 떠나다 / 곧?
Will they leave | soon | ?
응, / 그들은 그럴 거야.
Yes, | they | will | .

⑥ ~할 거니 / 그들은 / 낚시하러 가다 / 곧?
Will | they | go | fishing | soon?
아니, / 그들은 안 그럴 거야.
No, they | won't | .

⑦ ~할 거니 / 그는 / 낚시하러 가다 / 곧?
Will he | go | fishing | soon?
응, / 그는 그럴 거야.
Yes | , he | will | .

⑧ ~할 거니 / 그는 / 낚시하러 가다 / 다음 주에?
Will | he | go fishing next week?
아니, / 그는 안 그럴 거야.
No, | he | won't.

⑨ ~할 거니 / 그는 / 가다 / 런던에 / 다음 주에?
Will | he go to London | next | week | ?
응, / 그는 그럴 거야.
Yes, he | will | .

⑩ ~할 거니 / 그는 / 가다 / 런던에 / 내년에?
Will he go to London next year?
아니, / 그는 그럴 거야.
No, he | won't | .

19 | 나는 수학을 공부할 예정이다. I am going to study math.

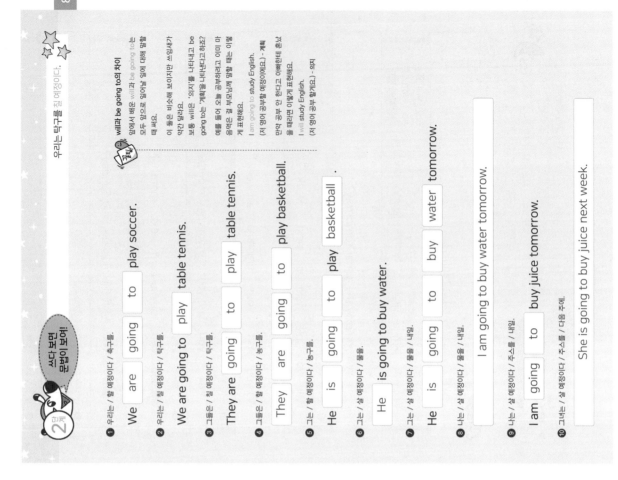

1단계 비교한 단어 보이!

나는 내 친구를 만날 예정이다.

① 나는 / 만난다 / 내 친구를.
I meet my friend.
I am going to meet my friend.
나는 / 만날 예정이다 / 내 친구를.

② 우리는 / 산다 / 주스를.
We buy juice.
We are [going] [to] buy juice. 우리는 / 살 예정이다 / 주스를.

③ 그는 / 떠난다 / 일찍.
He leaves early.
He [is] [going] [to] leave early. 그는 / 떠날 예정이다 / 일찍.

④ 나는 / 여행한다 / 중국에서.
You travel in China.
You [are] [going] [to] travel in China. 나는 / 여행할 예정이다 / 중국에서.

⑤ 그녀는 / 공부한다 / 수학을.
She studies math.
She [is] [going] [to] study math. 그녀는 / 공부할 예정이다 / 수학을.

⑥ 그들은 / 방문한다 / 그를.
They visit him.
They are [going] [to] visit him. 그들은 / 방문할 예정이다 / 그를.

⑦ 엄마는 / 친다 / 탁구를.
Mom plays table tennis.
Mom is [going] [to] play table tennis. 엄마는 / 칠 예정이다 / 탁구를.

⑧ 아빠는 / 탄다 / 택시를.
Dad takes a taxi.
Dad [is] [going] [to] take a taxi. 아빠는 / 탈 예정이다 / 택시를.

2단계 쓰다 보면 문장이 보여!

우리는 탁구를 칠 예정이다.

① 우리는 / 칠 예정이다 / 축구를.
We [are] [going] [to] play soccer.

② 우리는 / 칠 예정이다 / 탁구를.
We are going to [play] table tennis.

③ 그들은 / 칠 예정이다 / 탁구를.
They are [going] [to] [play] table tennis.

④ 그들은 / 칠 예정이다 / 농구를.
[They] [are] [going] [to] [play] basketball.

⑤ 그는 / 칠 예정이다 / 농구를.
He [is] [going] [to] [play] [basketball] .

⑥ 그는 / 살 예정이다 / 물을.
He [is going to buy water] .

⑦ 그는 / 살 예정이다 / 물을 / 내일.
He [is] [going] [to] [buy] [water] tomorrow.

⑧ 나는 / 살 예정이다 / 물을 / 내일.
[I am going to buy water tomorrow.]

⑨ 나는 / 살 예정이다 / 주스를 / 내일.
I [am] [going] [to] buy juice tomorrow.

⑩ 그녀는 / 살 예정이다 / 주스를 / 다음 주에.
[She is going to buy juice next week.]

고민타파

will과 be going to의 차이

앞에서 배운 will과 be going to는 모두 앞으로 일어날 일에 대해 말할 때 써요.

이 둘은 비슷해 보이지만 쓰임새가 약간 달라요.

보통 will은 '의지'를 나타내고 be going to는 '계획'을 나타낸다고 하죠?

예를 들어 오늘 공부하려고 이미 마음먹은 걸 부모님께 말할 때는 이렇게 표현해요.
I am going to study English.
(저 영어 공부할 예정이에요.) - 계획

만약 공부 안 한다고 아빠한테 혼나서 울 때리며 이렇게 표현해요.
I will study English.
(저 영어 공부 할게요.) - 의지

20 | 나는 텔레비전을 보지 않을 예정이다. I am not going to watch TV.

1단계

비교하며 답을 보자!

우리는 우유를 마시지 않을 예정이다.

<주어+be동사+not+going to>

① 나는 / 먹을 예정이다 / 저녁을.
You're going to eat dinner.
You're [not] going to eat dinner. 나는 / 먹지 않을 예정이다 / 저녁을.

② 우리는 / 마실 예정이다 / 우유를.
We're going to drink milk.
We're [not] going to drink milk. 우리는 / 마시지 않을 예정이다 / 우유를.

③ 그는 / 떠날 예정이다 / 다음 달에.
He's going to leave next month.
He's [not] going to leave next month. 그는 / 떠나지 않을 예정이다 / 다음 달에.

④ 너희들은 / 여행할 예정이다 / 일본에서.
You're going to travel in Japan.
You're not going [to] travel in Japan. 너희들은 / 여행하지 않을 예정이다 / 일본에서.

⑤ 그녀는 / 낚시하러 갈 예정이다.
She's going to go fishing.
She's [not] going to go fishing. 그녀는 / 낚시하러 가지 않을 예정이다.

⑥ 그들은 / 방문할 예정이다 / 그녀를.
They're going to visit her.
They're [not] going [to] visit her. 그들은 / 방문하지 않을 예정이다 / 그녀를.

⑦ 나는 / 볼 예정이다 / 텔레비전을.
I'm going to watch TV.
I'm [not] going [to] watch TV. 나는 / 보지 않을 예정이다 / 텔레비전을.

⑧ 아빠는 / 탈 예정이다 / 버스를.
Dad's going to take a bus.
Dad's [not] going to take a bus. 아빠는 / 타지 않을 예정이다 / 버스를.

3단계

영작이 되면 이 영문법은 OK!

그들은 영어를 공부할 예정이다.

① 아빠는 버스를 탈 예정이다.
Dad is going [to] take a bus.

② 아빠는 지하철을 탈 예정이다.
[Dad] [is] going to [take] [a] [subway] .

③ 나는 지하철을 탈 예정이다.
I am going [to] take a subway .

④ 나는 그들을 방문할 예정이다.
[I] [am] going to visit them.

⑤ 그는 그들을 방문할 예정이다.
He is going to visit them.

⑥ 그는 그들을 만날 예정이다.
He is going [to] meet them.

⑦ 우리는 그들을 만날 예정이다.
[We] are going to meet [them] .

⑧ 우리는 일찍 떠날 예정이다.
We [are] going [to] leave early.

⑨ 너희들은 일찍 떠날 예정이다.
You are going to leave early.

⑩ 너희들은 역사를 공부할 예정이다. You are going to [study] history.

⑪ 그들은 역사를 공부할 예정이다.
They are [going] [to] [study] [history] .

⑫ 그들은 영어를 공부할 예정이다.
They are going to study English.

▶ 괄호 안에서 알맞은 말을 고르세요.

1. He is going to ((take) / takes) a bus.
2. We are (go / (going)) to meet tomorrow.

확인문제

31

2단계 문법이 쏙쏙!

나는 점심을 먹지 않을 예정이다.

<주어+be동사>는 줄임말로 써 주세요.

① 그는 / 먹지 않을 예정이다 / 저녁을.
He's | not | going to eat dinner.

② 그는 / 먹지 않을 예정이다 / 점심을.
He's | not going to eat lunch.

③ 나는 / 먹지 않을 예정이다 / 점심을.
I'm | not | going to | eat | lunch | .

④ 나는 / 마시지 않을 예정이다 / 우유를.
I'm | not | going | to | drink milk.

⑤ 우리는 / 마시지 않을 예정이다 / 우유를.
We're | not | going to | drink | milk | .

⑥ 우리는 / 보지 않을 예정이다 / 텔레비전을.
We're | not | going | to | watch TV.

⑦ 그녀는 / 보지 않을 예정이다 / 텔레비전을.
She's not going to watch TV.

⑧ 그녀는 / 여행하지 않을 예정이다 / 일본에서.
She's | not | going | to | travel in Japan.

⑨ 그들은 / 여행하지 않을 예정이다 / 일본에서.
They're not | going | to | travel | in Japan.

⑩ 그들은 / 여행하지 않을 예정이다 / 한국에서.
They're not going to travel in Korea.

A B 내가 하는 문법 정리!
▶ not이 들어갈 위치에 동그라미 하세요.
1. I ① am ② going ③ to eat dinner.
2. We're ① going ② to ③ drink milk.

3단계
영작이 되면 이 영문법은 OK!

미아는 우리를 방문하지 않을 예정이다.

① 아빠는 택시를 타지 않을 예정이다.
Dad is | not | going to | take | a taxi.

② 아빠는 버스를 타지 않을 예정이다.
Dad | is | not | going | to | take a bus.

③ 아빠는 쉬지 않을 예정이다.
Dad is | not | going | to | take a rest.

④ 그들은 쉬지 않을 예정이다.
They | are | not | going to take a rest.

⑤ 그들은 낚시하러 가지 않을 예정이다.
They are | not | going | to | go fishing.

⑥ 잭은 낚시하러 가지 않을 예정이다.
Jack is not going to go fishing.

⑦ 잭은 떠나지 않을 예정이다.
Jack | is | not | going to leave.

⑧ 잭은 내일 떠나지 않을 예정이다.
Jack is not | going | to | leave tomorrow.

⑨ 나는 내일 떠나지 않을 예정이다.
I | am | not | going to leave tomorrow.

⑩ 나는 그들을 방문하지 않을 예정이다.
I | am not | going | to | visit them.

⑪ 미아는 그들을 방문하지 않을 예정이다.
Mia is not going to visit them.

⑫ 미아는 우리를 방문하지 않을 예정이다.
Mia is not going to visit us.

확인문제
괄호 안의 단어를 바르게 배열하세요.
1. You | are | not | going | to | watch TV. (not / are / to / going)
2. She | is | not | going | to | eat lunch. (to / going / not / is)

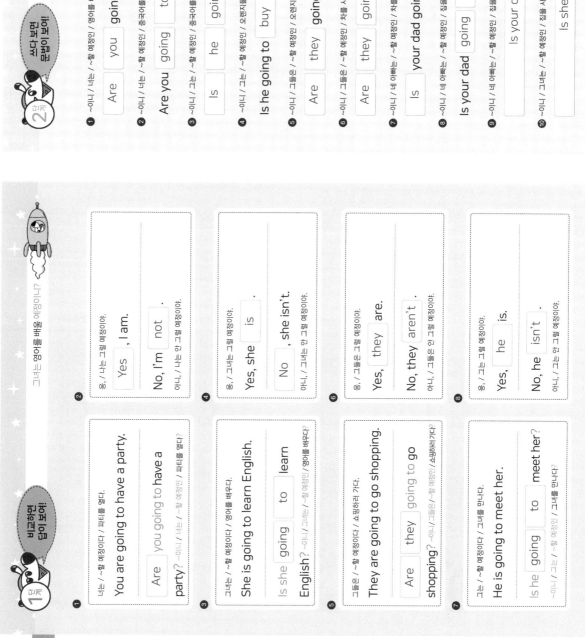

그녀는 영어를 배울 예정이니?

비교하면 단어의 의미! 1단계

① 나는 ~할 예정이다 / 파티를 열다.
You are going to have a party.
[Are] [you going to have a] party? ~이니 / 너는 ~할 예정인 / 파티를 열다?

② 응 / 나는 그럴 예정이야.
[Yes] , I am.
No, I'm [not] . 아니, / 나는 안 그럴 예정이야.

③ 그녀는 ~할 예정이다 / 영어를 배우다.
She is going to learn English.
Is she [going] [to] [learn] English? ~이니 / 그녀는 ~할 예정인 / 영어를 배우다?

④ 응 / 그녀는 그럴 예정이야.
Yes, she [is] .
[No] , she isn't. 아니, / 그녀는 안 그럴 예정이야.

⑤ 그들은 ~할 예정이다 / 쇼핑하러 가다.
They are going to go shopping.
Are [they] [going to go] shopping? ~이니 / 그들은 ~할 예정인 / 쇼핑하러 가다?

⑥ 응 / 그들은 그럴 예정이야.
Yes, they [are] .
No, they [aren't] . 아니, / 그들은 안 그럴 예정이야.

⑦ 그는 ~할 예정이다 / 그녀를 만나다.
He is going to meet her.
Is he [going] [to] [meet her] ? ~이니 / 그는 ~할 예정인 / 그녀를 만나다?

⑧ 응 / 그는 그럴 예정이야.
Yes, he [is] .
No, he [isn't] . 아니, / 그는 안 그럴 예정이야.

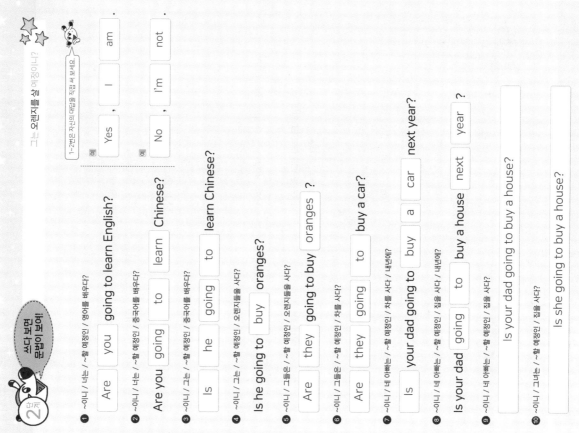

외워서 문장 쓰기! 2단계

그는 오렌지를 살 예정이니?

예) 1~2번은 자신의 대답을 직접 쓰고 보세요
예) Yes , I am .
예) No , I'm not .

❶ ~이니 / 너는 ~할 예정인 / 영어를 배우다.
[Are] [you] going to learn English?

❷ ~이니 / 너는 ~할 예정인 / 중국어를 배우다?
Are you going [to] learn [Chinese] ?

❸ ~이니 / 그는 ~할 예정인 / 중국어를 배우다?
[Is] [he] [going] [to] learn Chinese?

❹ ~이니 / 그는 ~할 예정인 / 오렌지를 사다?
Is he going to [buy] oranges ?

❺ ~이니 / 그들은 ~할 예정인 / 오렌지를 사다?
Are [they] [going to buy] oranges ?

❻ ~이니 / 그들은 ~할 예정인 / 차를 사다?
Are [they] [going] [to] buy a car?

❼ ~이니 / 네 아빠는 ~할 예정인 / 차를 사다 / 내년에?
[Is] [your dad going to] buy [a] [car] next year?

❽ ~이니 / 네 아빠는 ~할 예정인 / 집을 사다 / 내년에?
Is your dad [going] [to] buy a house [next] [year] ?

❾ ~이니 / 네 아빠는 ~할 예정인 / 집을 사다?
Is your dad going to buy a house?

❿ ~이니 / 그녀는 ~할 예정인 / 집을 사다?
Is she going to buy a house?

22 | 그녀는 영어를 말할 수 있다. She can speak English.

1단계

비교하면 단어가 보여!

나는 빨리 수영할 수 있다.

① 나는 / 수영한다 / 빨리.
I swim fast.
I `can` swim fast.
나는 / 수영할 수 있다 / 빨리.

② 우리는 / 한다 / 야구를.
We play baseball.
We `can` play baseball.
우리는 / 할 수 있다 / 야구를.

③ 너는 / 말한다 / 영어를.
You speak English.
You `can` speak English.
너는 / 말할 수 있다 / 영어를.

④ 그는 / 읽는다 / 야구를.
He reads baseball.
He `can` read baseball.
그는 / 읽을 수 있다 / 야구를.

⑤ 그녀는 / 쓴다 / 일본어를.
She writes Japanese.
She `can` write Japanese.
그녀는 / 쓸 수 있다 / 일본어를.

⑥ 브라운 씨는 / 운전한다.
Mr. Brown drives.
Mr. Brown `can` drive .
브라운 씨는 / 운전할 수 있다.

⑦ 새들은 / 난다.
Birds fly.
Birds `can` fly .
새들은 / 날 수 있다.

⑧ 잭은 / 점프한다 / 높이.
Jack jumps high.
Jack `can` jump high.
잭은 / 점프할 수 있다 / 높이.

3단계

영작이 되면
이 영문법은 OK!

너는 다음 주에 파티를 열 예정이니?

준비

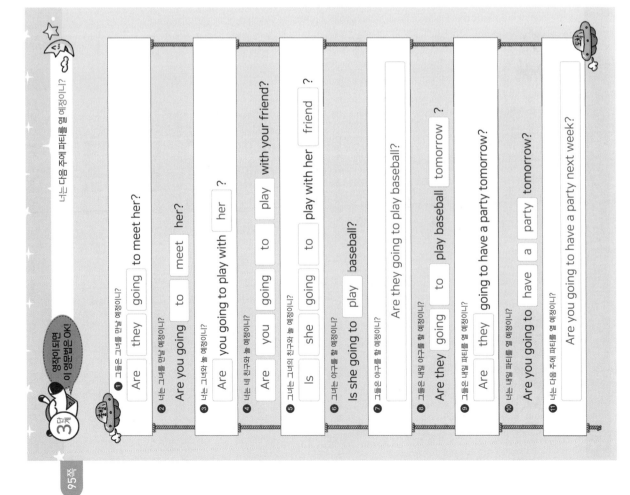

① 그들은 그녀를 만날 예정이니?
`Are` `they` `going` to meet her?

② 너는 그녀를 만날 예정이니?
Are you going `to` `meet` her?

③ 너는 그녀와 놀 예정이니?
`Are` `you` going to play with `her` ?

④ 너는 네 친구와 놀 예정이니?
`Are` `you` `going` `to` `play` with your friend?

⑤ 그녀는 그녀의 친구와 놀 예정이니?
`Is` `she` `going` `to` play with her `friend` ?

⑥ 그녀는 야구를 할 예정이니?
Is she going to `play` `baseball`?

⑦ 그들은 야구를 할 예정이니?
Are they going to play baseball?

⑧ 그들은 내일 야구를 할 예정이니?
`Are` `they` `going` `to` `play` baseball `tomorrow` ?

⑨ 그들은 내일 파티를 열 예정이니?
`Are` `they` `going` to have a party tomorrow?

⑩ 너는 내일 파티를 열 예정이니?
Are you going to `have` `a` `party` `tomorrow`?

⑪ 너는 다음 주에 파티를 열 예정이니?
Are you going to have a party next week?

3단계

영작이 되면 이 문장은 OK!

우리는 내일 탁구를 칠 수 있다.

❶ 새들은 날 수 있다.
Birds | can | fly.

❷ 새들은 높이 날 수 있다.
Birds | can | fly | high.

❸ 우리는 점프할 수 있다.
We | can | jump.

❹ 우리는 높이 점프할 수 있다.
We can | jump | high.

❺ 그들은 높이 점프할 수 있다.
They | can | jump | high.

❻ 그들은 빨리 수영할 수 있다.
They | can | swim | fast.

❼ 리암은 빨리 수영할 수 있다.
Liam can swim | fast | .

❽ 리암은 야구를 할 수 있다.
Liam can play baseball.

❾ 리암은 내일 야구를 할 수 있다.
Liam can | play | baseball | tomorrow | .

❿ 나는 내일 야구를 할 수 있다.
I | can | play baseball tomorrow.

⓫ 나는 내일 탁구를 칠 수 있다.
I can | play | table tennis | tomorrow | .

⓬ 우리는 내일 탁구를 칠 수 있다.
We can play table tennis tomorrow.

확인문제

▶ 괄호 안에서 알맞은 말을 고르세요.
1. We (walk can / (can walk)) fast.
2. My mother ((can) / cans) read Chinese.
3. He can ((drive) / drives).
4. They can ((play) / playing) baseball.

2단계

쓰다 보면 문법이 보여요.

아빠는 중국어를 읽을 수 있다.

Chinese의 여러 가지 뜻
1. 중국어, 중국인
2. 중국어의, 중국인의, 중국의
Korean, Japanese에도 위와 같은 식으로 여러 가지 뜻이 있어요.
Korean
1. 한국어, 한국인
2. 한국어의, 한국인의, 한국의
Japanese
1. 일본어, 일본인
2. 일본어의, 일본인의, 일본의

❶ 나는 / 말할 수 있다 / 영어를.
I | can | speak English.

❷ 나는 / 말할 수 있다 / 중국어를.
I can | speak | Chinese.

❸ 나는 / 읽을 수 있다 / 중국어를.
I | can | read | Chinese | .

❹ 아빠는 / 읽을 수 있다 / 중국어를.
Ava | can | read | Chinese.

❺ 아빠는 / 읽을 수 있다 / 일본어를.
Ava can read Japanese.

❻ 아빠는 / 쓸 수 있다 / 일본어를.
Ava | write Japanese.

❼ 그는 / 쓸 수 있다 / 일본어를.
He can | write | Japanese | .

❽ 그는 / 운전할 수 있다.
He | can | drive.

❾ 나의 아버지는 / 운전할 수 있다.
My father can drive.

❿ 나의 아버지는 / 운전할 수 있다 / 버스를.
My father can | drive | a | bus | .

내가 하는 문법 정리!

▶ 다음 문장에 can을 넣어 '~할 수 있다'라는 표현으로 바꾸세요.
1. I speak English.
= I | can | speak | English.
2. They swim fast.
= They | can | swim | fast.

35

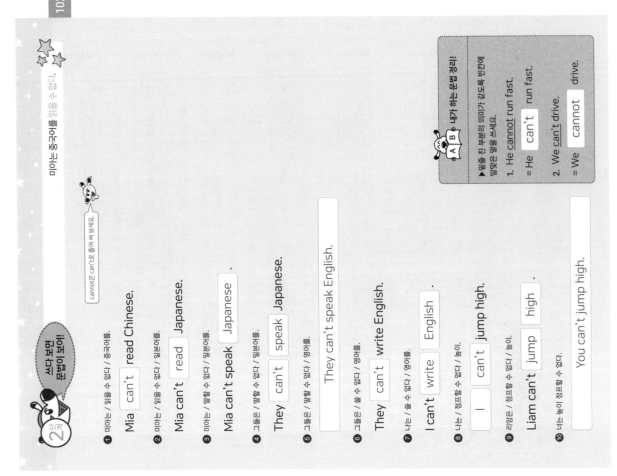

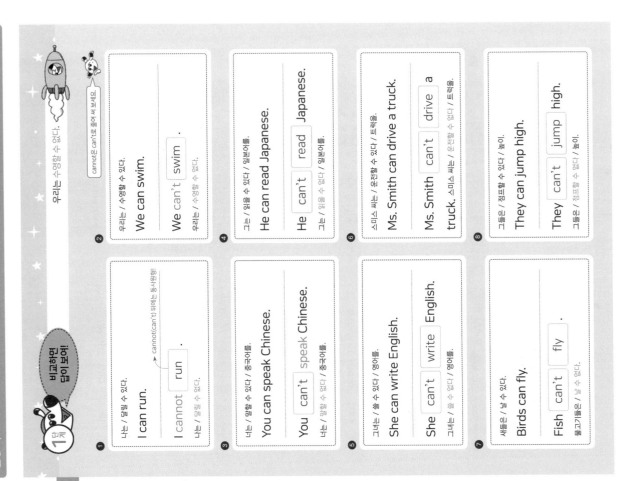

23 | 나는 달릴 수 없다. I cannot run.

1단계 문법이 쏙쏙 비교하면

우리는 수영할 수 없다.

cannot은 can't로 줄여 써 보세요.

① 나는 / 달릴 수 있다.
I can run.
I **cannot** **run** .
← cannot(can't) 뒤에는 동사원형!
나는 / 달릴 수 없다.

② 우리는 / 수영할 수 있다.
We can swim.
We **can't** **swim** .
우리는 / 수영할 수 없다.

③ 너는 / 말할 수 있다 / 중국어를.
You can speak Chinese.
You **can't** **speak** Chinese.
너는 / 말할 수 없다 / 중국어를.

④ 그는 / 읽을 수 있다 / 일본어를.
He can read Japanese.
He **can't** **read** Japanese.
그는 / 읽을 수 없다 / 일본어를.

⑤ 그녀는 / 쓸 수 있다 / 영어를.
She can write English.
She **can't** **write** English.
그녀는 / 쓸 수 없다 / 영어를.

⑥ 스미스 씨는 / 운전할 수 있다 / 트럭을.
Ms. Smith can drive a truck.
Ms. Smith **can't** **drive** **a** truck.
스미스 씨는 / 운전할 수 없다 / 트럭을.

⑦ 새들은 / 날 수 있다.
Birds can fly.
Fish **can't** **fly** .
물고기들은 / 날 수 없다.

⑧ 그들은 / 점프할 수 있다 / 높이.
They can jump high.
They **can't** **jump** high.
그들은 / 점프할 수 없다 / 높이.

36

미아는 중국어를 읽을 수 없다.

2단계 문장이 쑥쑥 쓰다 보면

cannot은 can't로 줄여 써 보세요.

① 미아는 / 읽을 수 없다 / 중국어를.
Mia **can't** read Chinese.

② 미아는 / 읽을 수 없다 / 일본어를.
Mia can't **read** Japanese.

③ 미아는 / 말할 수 없다 / 일본어를.
Mia can't speak **Japanese** .

④ 그들은 / 말할 수 없다 / 일본어를.
They **can't** **speak** Japanese.

⑤ 그들은 / 말할 수 없다 / 영어를.
They can't speak English.

⑥ 그들은 / 쓸 수 없다 / 영어를.
They **can't** **write** English.

⑦ 나는 / 쓸 수 없다 / 영어를.
I can't **write** English .

⑧ 나는 / 점프할 수 없다 / 높이.
I **can't** jump high.

⑨ 리암은 / 점프할 수 없다 / 높이.
Liam can't **jump** high .

⑩ 너는 / 높이 점프할 수 없다.
You can't jump high.

내가 하는 문법 정리 A | B

▶ 밑줄 친 부분의 의미가 같도록 빈칸에 알맞은 말을 쓰세요.

1. He **cannot** run fast.
= He **can't** run fast.

2. We **can't** drive.
= We **cannot** drive.

24 | 너는 피아노를 칠 수 있니? Can you play the piano?

너는 나를 도와줄 수 있니?

비교하며 단어 복에!

1단계

① 너는 / 말할 수 있다 / 중국어를.
You can speak Chinese.
Can you speak Chinese?
~할 수 있니 / 너는 / 말하다 / 중국어를?

② 응 / 나는 할 수 있어.
Yes, I can .
No, I can't .
아니, / 나는 못 해.

③ 나는 / 도와줄 수 있다 / 너를.
I can help you.
Can I help you?
~해줄까 / 내가 / 돕다 / 너를?

④ 응, 그렇게 해줘. (도움 제안을 받아들일 때)
Yes , please.
No , thank you.
아니, 괜찮아. (도움 제안을 거절할 때)

⑤ 너는 / 도울 수 있다 / 나를.
You can help me.
Can you help me?
~할 수 있니 / 너는 / 돕다 / 나를?

⑥ 응 / 나는 할 수 있어.
Yes, I can
No , I can't.
아니, / 나는 할 수 없어.
(도움 요청을 수락할 때 Yes, I can. 대신에 Sure.(물론이야)라고 해도 돼요.)

⑦ 나는 / 사용할 수 있다 / 네 펜을.
I can use your pen.
Can I use your pen?
~해도 되니 / 내가 / 사용하다 / 네 펜을?

⑧ 응 / 너는 그래도 돼.
Yes , you can.
No, you can't .
아니, / 너는 그러면 안 돼.

103쪽

3단계

영어가 되면 이 영문법은 OK!

그는 내일 트럭을 운전할 수 없다.

cannot은 can't로 줄여 쓸 수 있다.

① 물고기들은 날 수 없다. Fish can't fly.
② 개들은 날 수 없다. Dogs can't fly .
③ 우리는 날 수 없다. We can't fly.
④ 우리는 수영할 수 없다. We can't swim.
⑤ 우리는 빨리 수영할 수 없다. We can't swim fast.
⑥ 우리는 빨리 달릴 수 없다. We can't run fast.
⑦ 리암과 작은 빨리 달릴 수 없다. Liam and Jack can't run fast .
⑧ 리암과 작은 운전할 수 없다. Liam and Jack can't drive.
⑨ 브라운 씨는 운전할 수 없다. Mr. Brown can't drive .
⑩ 브라운 씨는 트럭을 운전할 수 없다. Mr. Brown can't drive a truck.
⑪ 그는 트럭을 운전할 수 없다 He can't drive a truck .
⑫ 그는 내일 트럭을 운전할 수 없다. He can't drive a truck tomorrow.

확인 문제

▶다음 문장을 부정문으로 바꿀 때 빈칸에 알맞은 말을 쓰세요.

1. I can drive a truck. → I can't(cannot) drive a truck.
2. Amy can speak Korean. → Amy can't(cannot) speak Korean.

3단계 · 영작이 되면 이 영문법은 OK!

청문 좀 열어 줄래?

① 네 전화기를 써도 되니? [Can] I use your phone? — 응, 그래도 돼. Yes , you can.

② 네 연필을 써도 되니? Can I [use] your pencil? — 아니, 안 돼. No, you [can't] .

③ 케이크 좀 먹어도 되니? [Can] [I] [eat] some cake? — 응, 그래도 돼. Yes, you [can] .

④ 쿠키를 좀 먹어도 되니? [Can] I eat some cookies? — 아니, 안 돼. [No] , you can't.

⑤ 도와 드릴까요? [Can I] [help] you? — 네, 도와주세요. Yes [, please.]

⑥ 나 좀 도와줄래? [Can you help me?] — 응, 그래. Yes, I [can] .

⑦ 우리 좀 도와줄래? [Can] [you] help us? — 미안하지만, 할 수 없어. I'm sorry, but I can't.
요청을 거절할 때 No. I can't은 답할 수도 있지만, 실생활에서는 민망하지 않게 응, 그래. I'm sorry를 써서 부드럽게 답해요.

⑧ 문 좀 닫아 줄래? Can you [close] the door? — 응, 그래. Yes [, I can.]

⑨ 창문 좀 닫아 줄래? [Can] [you] close the [window] ? — 미안하지만, 할 수 없어. I'm sorry, but I [can't] .

⑩ 창문 좀 열어 줄래? Can you open the window? — 응, 그래. Yes, [I] [can] .

2단계 · 문장을 써 봐!

그는 큰 버스를 운전할 수 있니?

❶ ~할 수 있니 / 나의 아빠는 / 운전하다 / 트럭을? [Can] your dad drive a truck? — 응, / 그는 할 수 있어. Yes , he can.

❷ ~할 수 있니 / 그는 / 운전하다 / 트럭을? Can he [drive] a [truck] ? — 아니, / 그는 할 수 없어. No, he [can't] .

❸ ~할 수 있니 / 그는 / 운전하다 / 큰 버스를? [Can] [he] drive a big bus? — 응, / 그는 할 수 있어. Yes, [he] [can] .

❹ ~할 수 있니 / 그는 / 말하다 / 중국어를? Can he [speak] Chinese? — 아니, / 그는 할 수 없어. [No] , he can't.

❺ ~할 수 있니 / 그녀는 / 말하다 / 중국어를? [Can she speak Chinese?] — 응, / 그녀는 할 수 있어. Yes, she [can] .

❻ ~할 수 있니 / 그녀는 / 말하다 / 영어를? [Can] she speak English? — 아니, / 그녀는 할 수 없어. No, [she] [can't] .

❼ ~할 수 있니 / 그들은 / 말하다 / 영어를? Can they [speak] [English] ? — 응, / 그들은 할 수 있어. Yes [, they can.]

❽ ~할 수 있니 / 그들은 / 치다 / 피아노를? Can [they] [play] the piano? — 아니, / 그들은 할 수 없어. No, they [can't] .

❾ ~할 수 있니 / 너는 / 치다 / 피아노를? Can you [play] the [piano] ? — 응, / 나는 할 수 있어. Yes, [I] can .

❿ ~할 수 있니 / 너는 / 치다 / 기타를? Can [you] [play] the guitar? — 아니, / 나는 할 수 없어. No [, I can't.]

25 | 오늘은 춥다. It is cold today.

오전 11시이다.

It is cold today.

1단계 비교하면 단어가 보여!

① (비인칭 주어) / ~이다 / 더운 / 오늘.
It is hot today.
→ 비인칭 주어는 '그것'이라는 뜻이 있으나 해석하지 않아요.
It | is | cold today.
(비인칭 주어) / ~이다 / 추운 / 오늘.

② (비인칭 주어) / ~였다 / 따뜻한 / 어제.
It was warm yesterday.
It | was | windy
yesterday. (비인칭 주어) / ~였다 / 바람 부는 / 어제.

③ (비인칭 주어) / 비가 오고 있다 / 오늘.
It is raining today.
It | is snowing today.
(비인칭 주어) / 눈이 오고 있다 / 오늘.

④ (비인칭 주어) / 비가 왔다 / 어제.
It | rained yesterday.
It | snowed yesterday.
(비인칭 주어) / 눈이 왔다 / 어제.

⑤ (비인칭 주어) / ~이다 / 오전 11시.
It | is | 11:00 a.m.
It | is | 5 o'clock.
(비인칭 주어) / ~이다 / 5시.

⑥ (비인칭 주어) / ~이다 / 3월 10일.
It | is | March 10th.
It | is | September
25th. (비인칭 주어) / ~이다 / 9월 25일.

⑦ (비인칭 주어) / ~이다 / 봄.
It | is | spring.
It | is | summer.
(비인칭 주어) / ~이다 / 여름.

⑧ (비인칭 주어) / ~이다 / 월요일.
It | is | Monday.
It | is | Saturday.
(비인칭 주어) / ~이다 / 토요일.

2단계 쓰다 보면 문법이 보여!

가을이다.

① (비인칭 주어) / ~이다 / 가을.
It | is fall.

② (비인칭 주어) / ~이다 / 겨울.
It | is | winter.

③ (비인칭 주어) / ~이다 / 화요일.
It | is | Tuesday.

④ (비인칭 주어) / ~이다 / 일요일.
It is Sunday.

⑤ (비인칭 주어) / ~이다 / 3월 25일.
It | is March 25th.

⑥ (비인칭 주어) / ~이다 / 9월 10일.
It | is | September 10th.

⑦ (비인칭 주어) / ~이다 / 오전 10시 30분.
It | is | 10:30 a.m.

⑧ (비인칭 주어) / ~이다 / 4시 (정각).
It is 4 o'clock.

⑨ (비인칭 주어) / ~이다 / 8시 (정각).
It | is 8 o'clock.

⑩ (비인칭 주어) / ~이다 / 여름.
It is summer.

1~12월까지 써 보며 익히세요.

1월: January → January
2월: February → February
3월: March → March
4월: April → April
5월: May → May
6월: June → June
7월: July → July
8월: September → September
9월: September → September
10월: October → October
11월: November → November
12월: December → December

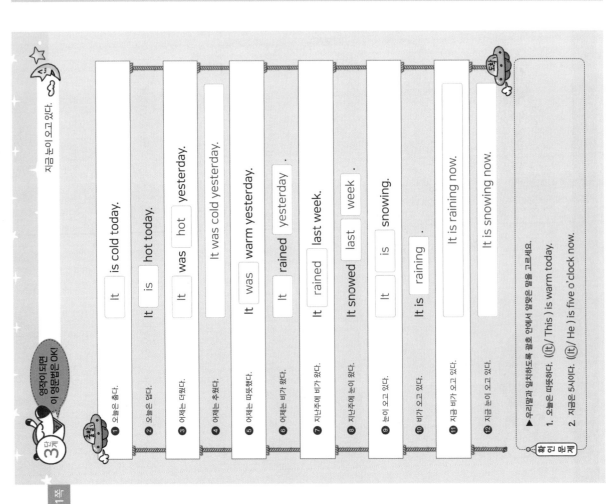

26 시험에는 이렇게 나온다

16~25과 복습

맞힌 개수 ____ /25개

1. 다음 말의 줄임말을 쓰세요.

1) will not → _____ won't

2) cannot → _____ can't

[2~4] 빈칸에 알맞은 말을 고르세요.

2. _____ is raining today.

① This   ②(It)   ③ That

3. He will _____ in London.

①(travel)   ② travels   ③ traveling

4. We are _____ to study English.

① go   ② goes   ③(going)

[5~6] 우리말과 일치하도록 괄호 안에서 알맞은 말을 고르세요.

5. 내가 네 전화기를 써도 되니? → (Will /(Can)) I use your phone?

6. 어제 눈이 왔다. → ((It)/ They) snowed yesterday.

3단계

지금 눈이 오고 있다.

영작이 되면 이 영문법은 OK!

① 오늘은 춥다.   [It] is cold today.

② 오늘은 덥다.   It [is] hot today.

③ 어제는 더웠다.   It [was] [hot] yesterday.

④ 어제는 추웠다.   It was cold yesterday.

⑤ 어제는 따뜻했다.   It [was] warm yesterday.

⑥ 어제는 비가 왔다.   It [rained] yesterday .

⑦ 지난주에 비가 왔다.   It [rained] last week.

⑧ 지난주에 눈이 왔다.   It snowed [last] [week] .

⑨ 눈이 오고 있다.   It [is] snowing.

⑩ 비가 오고 있다.   It is [raining] .

⑪ 지금 비가 오고 있다.   It is raining now.

⑫ 지금 눈이 오고 있다.   It is snowing now.

▶ 우리말과 일치하도록 괄호 안에서 알맞은 말을 고르세요.

확인문제

1. 오늘은 따뜻하다. ((It)/ This) is warm today.

2. 지금은 5시이다. ((It)/ He) is five o'clock now.

41

[14~15] 다음 문장을 물어보는 문장으로 바꿔 쓰세요.

14. She can speak English.

↑ ___Can she speak English?___

15. You will live in Japan.

↑ ___Will you live in Japan?___

[16~18] 우리말과 일치하도록 빈칸에 알맞은 말을 쓰세요.

16. 물고기들은 날 수 없다.

↑ Fish ___can't___ ___fly___.

17. 너는 중국어를 배울 예정이니?

↑ ___Are___ you going ___to___ learn Chinese?

18. 그들은 오두막집을 지을 것이다.

↑ They ___will___ build a cabin.

[19~20] 다음 문장에 not을 넣어 다시 쓰세요.

19. We will visit Seoul.

↑ ___We will not(won't) visit Seoul.___

20. He can read Korean.

↑ ___He cannot(can't) read Korean.___

[7~10] 밑줄 친 부분을 바르게 고쳐 쓰세요.

7. This is Monday today.

↑ ___It___

8. She's going to ate cookies.

↑ ___eat___

9. Ava can swimming fast.

↑ ___swim___

10. My brother wills meet them.

↑ ___will___

[11~13] 빈칸에 알맞지 않은 말을 고르세요.

11.
| _____ play table tennis.

① will ② can ③ is going to

12.
It is _____ .

① cold ② spring ③ apples

13.
He will buy a computer _____ .

① yesterday ② tomorrow ③ next month

27 문장으로 영문법 총정리 I 01~14과 복습

△ 현재진행 시제 문장 완성하기

1. 그는 영화를 보고 있다.　He is watching a movie.
2. 너는 영화를 보고 있다.　You are watching a movie .
3. 너는 영화를 보고 있니?　Are you watching a movie?
4. 너는 영어를 공부하고 있니?　Are you studying English?
5. 그들은 영어를 공부하고 있니?　Are they studying English ?
6. 그들은 영어를 공부하고 있다.　They are studying English.
7. 그들은 파티를 열고 있다.　They are having a party .
8. 그들은 파티를 열고 있지 않다.　They are not having a party.
9. 우리는 파티를 열고 있지 않다.　We are not having a party.
10. 우리는 누워 있지 않다.　We are not lying.
11. 나는 누워 있지 않다.　I am not lying .
12. 나는 달리고 있지 않다.　I am not running.
13. 나는 공원에서 달리고 있다.　I am running in the park.
14. 나는 공원에서 놀고 있다.　I am playing in the park .
15. 그녀는 공원에서 놀고 있다.　She is playing in the park .

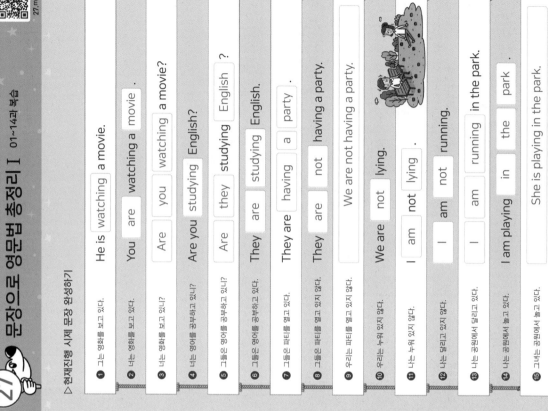

115쪽

16~25과 복습

[21~22] 우리말과 일치하도록 괄호 안의 단어를 바르게 배열하세요.

21. 오늘은 덥다. (today / is / hot / It)

→ It is hot today.

22. 나는 지하철을 타지 않을 예정이다. (take a subway / going / I'm / to / not)

→ I'm not going to take a subway.

[23~25] 그림을 보고 질문에 알맞은 대답을 쓰세요.

23. A: Can he jump high?
B: No ___, he ___ can't ___.

24. A: Will she drink milk?
B: Yes ___, she ___ will ___.

25. A: Are they going to play soccer?
B: No ___, they ___ aren't ___.

27 문장으로 영문법 총정리 I 01~14과 복습

△ 명령문, Let's ~ 문장 완성하기 〈01~14과 복습〉

1. (제발) 네 눈을 뜨세요. Please [open] your eyes.
2. 네 눈을 떠라. Open [your] [eyes] .
3. 네 책을 펼쳐라. [Open] your book.
4. 네 책을 덮어라. Close [your] [book] .
5. 창문을 닫아라. [Close the window.]
6. 창문을 닫자. [Let's] [close the window.]
7. 영화 보러 가자. Let's [go] to the movies.
8. 내일 영화 보러 가자. Let's [go] [to] [the] [movies] tomorrow.
9. 내일 도서관에 가자. Let's [go] to the library [tomorrow] .
10. 지금 도서관에 가자. [Let's] [go] [to] [the] [library] now.
11. 지금 만나자. Let's meet [now] .
12. 3시에 만나자. [Let's] [meet] at 3:00.
13. 수영하러 가자. [Let's] go swimming.
14. 조용히 하자. Let's be [quiet] .
15. (제발) 조용히 하세요. [Please be quiet.]

△ be동사의 과거 시제 문장 완성하기 〈be동사+not〉은 줄임말로 써 보세요.

1. 나는 치과 의사였다. I was a [dentist] .
2. 우리는 치과 의사였다. [We] [were] dentists.
3. 우리는 우리 방에 있었다. We were [in] [our] [room] .
4. 그는 그의 방에 있었다. He [was] in his room.
5. 그는 피곤했다. [He] [was] [tired] .
6. 너는 피곤했다. You [were] [tired].
7. 너는 피곤했니? [Were you tired?]
8. 너는 어제 피곤했니? Were you tired [yesterday] ?
9. 너는 어제 신이 났었니? [Were] [you] excited yesterday?
10. 그녀는 어제 신이 났었니? Was she [excited] [yesterday?]
11. 그녀는 어제 신이 났었다. [She] [was] excited yesterday.
12. 그녀는 어제 신이 나지 않았다. She wasn't [excited] [yesterday.]
13. 그녀는 그녀의 집에 있지 않았다. [She] [wasn't] in her house.
14. 그들은 그들의 집에 있지 않았다. They weren't [in] [their] [house] .
15. 그들은 행복하지 않았다. They weren't happy.

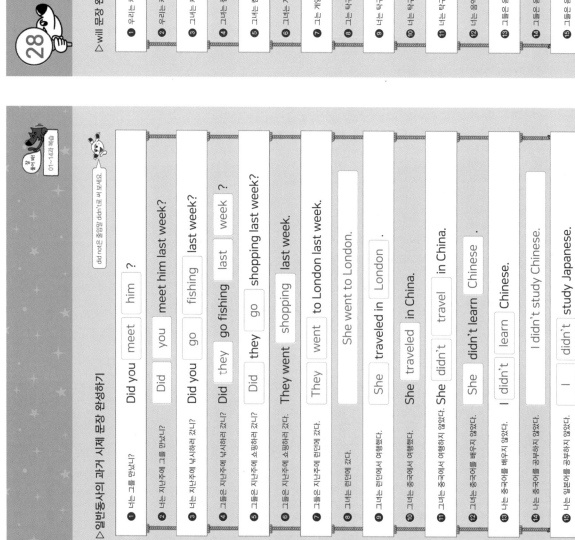
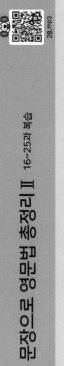

28.mp3

28 문장으로 영문법 총정리 Ⅱ 16~25과 복습

△ will 문장 완성하기

will not은 줄임말 won't로 써 보세요.

1 우리는 케이크를 먹을 것이다. We will eat a cake.
2 우리는 케이크를 살 것이다. We will buy a cake.
3 그녀는 케이크를 살 것이다. She will buy a cake.
4 그녀는 컴퓨터를 살 것이다. She will buy a computer.
5 그녀는 컴퓨터를 사지 않을 것이다. She won't buy a computer.
6 그녀는 게임을 하지 않을 것이다. She won't play the game.
7 그는 게임을 하지 않을 것이다. He won't play the game.
8 그는 탁구를 치지 않을 것이다. He won't play table tennis.
9 너는 탁구를 치지 않을 것이다. You won't play table tennis.
10 너는 탁구를 칠 것이다. You will play table tennis.
11 너는 탁구를 칠 거니? Will you play table tennis?
12 너는 음악을 연주할 거니? Will you play music?
13 그들은 음악을 연주할 거니? Will they play music?
14 그들은 음악을 들을 거니? Will they listen to music?
15 그들은 음악을 들을 것이다. They will listen to music.

44

01~14과 복습

△ 일반동사의 과거 시제 문장 완성하기

did not은 줄임말 didn't로 써 보세요.

1 너는 그를 만났니? Did you meet him?
2 너는 지난주에 그를 만났니? Did you meet him last week?
3 너는 지난주에 낚시하러 갔니? Did you go fishing last week?
4 그들은 지난주에 낚시하러 갔니? Did they go fishing last week?
5 그들은 지난주에 쇼핑하러 갔니? Did they go shopping last week?
6 그들은 지난주에 쇼핑하러 갔다. They went shopping last week.
7 그들은 지난주에 런던에 갔다. They went to London last week.
8 그녀는 런던에 갔다. She went to London.
9 그녀는 런던에서 여행했다. She traveled in London.
10 그녀는 중국에서 여행했다. She traveled in China.
11 그녀는 중국에서 여행하지 않았다. She didn't travel in China.
12 그녀는 중국어를 배우지 않았다. She didn't learn Chinese.
13 나는 중국어를 배우지 않았다. I didn't learn Chinese.
14 나는 중국어를 공부하지 않았다. I didn't study Chinese.
15 나는 일본어를 공부하지 않았다. I didn't study Japanese.

28 문장으로 영문법 총정리 II 16~25과 복습

▷ can 문장 완성하기

1. 나를 도와줄 수 있니? | Can | you help me?
2. 내가 도와줄까? Can I | help | you | ?
3. 내가 네 전화를 써도 될까? | Can | I | use your phone?
4. 내가 네 펜을 써도 될까? Can I | use | your pen?
5. 내가 너와 같이 가도 될까? | Can | go | with you?
6. 나는 너와 같이 갈 수 있다. I can go | with | you | .
7. 나는 트럭을 운전할 수 있다. I | can | drive | a truck.
8. 그도 트럭을 운전할 수 있다. He can drive a truck.
9. 그는 버스를 운전할 수 있다. He | can | drive a bus.
10. 그는 영어를 말할 수 있다. He can | speak | English | .
11. 우리는 영어를 말할 수 있다. We | can | speak English.
12. 우리는 영어를 말할 수 없다. We | can't | speak | English.
13. 우리는 영어를 쓸 수 없다. We | can't | write | English | .
14. 그녀는 영어를 쓸 수 없다. She | can't | write | English.
15. 그녀는 수영할 수 없다. She can't swim.

16~25과 복습

▷ be going to 문장 완성하기

<be동사+not>으로 줄여서 써요

1. 그들은 피자를 만들 예정이다. They are | going | to | make | a pizza.
2. 그들은 피자를 만들지 않을 예정이다. They | aren't | going to make a pizza.
3. 나는 피자를 만들지 않을 예정이다. I | am | not | going to make | a | pizza | .
4. 나는 걷지 않을 예정이다. I am not | going | to | walk | .
5. 그는 걷지 않을 예정이다. He isn't going to walk.
6. 그는 걸을 예정이다. He | is going to walk.
7. 그는 걸을 예정이니? | Is | he | going | to | walk?
8. 그는 버스를 탈 예정이니? | Is | he | going | to take a bus?
9. 너는 버스를 탈 예정이니? Are you going to | take | a | bus | ?
10. 나는 낮잠을 잘 예정이니? Are | you | going | to | take a nap?
11. 나는 지금 낮잠을 잘 예정이니? Are you going to | take | a | nap | now?
12. 나는 지금 낮잠을 잘 예정이다. I | am | going | to | take | a nap now.
13. 우리는 지금 낮잠을 잘 예정이다. We | are going to take a nap | now | .
14. 우리는 점심을 먹을 예정이다. We | are | going | to | have | lunch.
15. 그녀는 점심을 먹을 예정이다. She is going to have lunch.

틀린 문장만 다시 정리해 봐~

▷ It(비인칭 주어) 문장 완성하기

① 여름이다.　　It [is] summer.

② 겨울이다.　　It [is] winter.

③ 지금은 겨울이다.　　It is [winter] now.

④ 지금은 5시이다.　　It [is] five o'clock now.

⑤ 지금은 10시이다.　　It [is] ten o'clock [now] .

⑥ 3시이다.　　It [is] three o'clock.

⑦ 3월 20일이다.　　It [is] March 20th.

⑧ 5월 8일이다.　　It is May 8th. [　　　]

⑨ 오늘은 5월 8일이다.　　It is May 8th [today] .

⑩ 오늘은 목요일이다.　　It [is] Thursday today.

⑪ 오늘은 화요일이다.　　It is [Tuesday] today.

⑫ 오늘은 바람이 분다.　　It [is windy] [today] .

⑬ 오늘은 비가 오고 있다.　　It [is] [raining] today.

⑭ 어제는 추웠다.　　It [was] [cold] yesterday.

⑮ 추웠다.　　It was cold. [　　　]

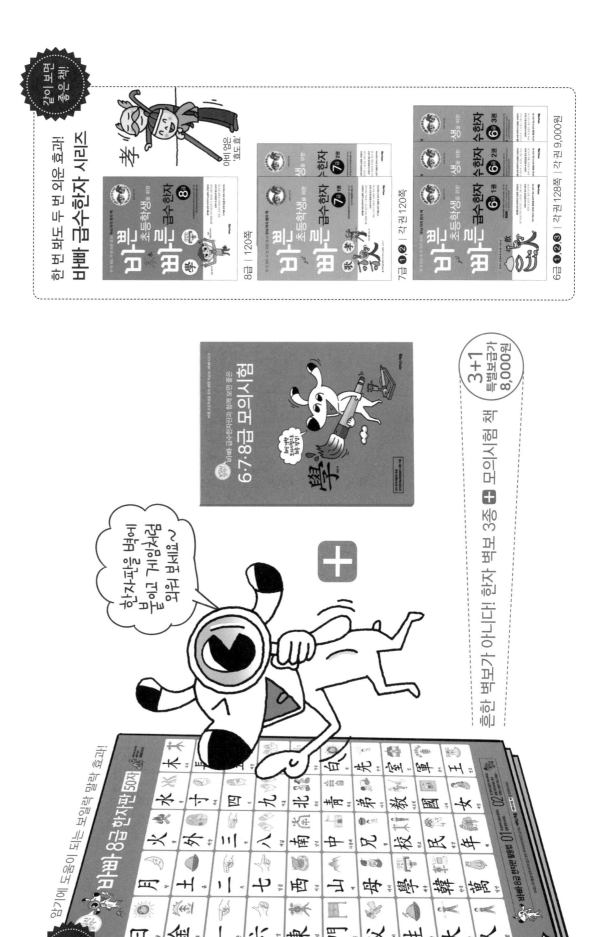

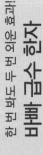

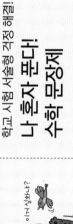

바쁜 3·4학년을 위한

빠른 영문법

초등 영문법 2

'바빠 영어' 친구들을 응원합니다!

www.easysedu.co.kr 바빠 영문법 게시판에
공부 후기를 올려주신 분에게 작은 선물을 드립니다.